Religion und Stadt

Max-Weber-Kolleg
für kultur- und sozialwissenschaftliche Studien
Universität Erfurt

Religion und Stadt

Neue Blicke auf das alte Erfurt

Jörg Rüpke

Bibliografische Information der Deutschen Nationalbibliothek: Die Deutsche Nationalbibliothek verzeichnet diese Publikation in der Deutschen Nationalbibliografie; detaillierte bibliografische Daten sind im Internet über dnb.dnb.de abrufbar.

Erarbeitet im Rahmen der Kolleg-Forschungsgruppe „Religion und Urbanität: Wechselseitige Formierung" (Deutsche Forschungsgemeinschaft, FOR 2779), am Max-Weber-Kolleg für kultur- und sozialwissenschaftliche Studien der Universität Erfurt.

Gesetzt mit Apple OS X aus Palatino Linotype.

Herstellung und Verlag: BoD - Books on Demand, Norderstedt.

ISBN: 978-3-75789044-5

Inhaltsverzeichnis

Religion und Stadt 7

Religion und Urbanität 15

Doppelbiographie 23

Monumentalisierung 29

Zuschauen statt Glauben 37

Schreiben 45

Individualität 53

Arbeitsteilung 67

Gruppenbildung 75

Zeitliche Ordnungen 83

Netzwerke von Städten 87

Jenseits der Stadt 93

Schluss 97

Bibliographie 99

Danksagung 103

Religion und Stadt

Dieses Buch ist kein Reiseführer über Erfurt, sondern eine Einladung nach Erfurt. Eine Einladung, durch die Stadt zu gehen und dabei über etwas nachzudenken, das sich nicht nur in Erfurt findet, aber hier besonders anschaulich wird: die wechselseitige Veränderung von Religion und Stadt. Es ist aber auch eine Einladung, über diese wechselseitige Veränderung an anderen Orten nachzudenken. Text wie Bilder laden dazu ein, beides zu tun.

Spätestens seit der römischen Eisenzeit sind Siedlungen auf dem Gebiet der heutigen Stadt Erfurt Knotenpunkte in verschiedenen überregionalen Netzwerken. Hier wurde ein Kamm mit der südlichsten Runeninschrift ebenso gefunden wie Wagenreste in einem Prachtbegräbnis. Der schottische Missionar Bonifatius nahm die Siedlung, die er in der ersten Hälfte des achten Jahrhunderts vorfand, bereits als „Stadt" wahr. Eine Königspfalz nahm in den beiden folgenden Jahrhunderten mehrfach Reichsversammlungen auf. Das prägt die Entwicklung des Bildes dieser Stadt in den Köpfen ihrer ständigen wie vorübergehenden Bewohnerinnen und Bewohner. Es prägt auch die Religionsgeschichte Erfurts. Zwar nur kurzzeitig Bischofssitz unter Bonifatius (und wieder seit 1953), wurde Erfurter Kirchen und ihre Reliquien früh zu einem Pilgerziel. Unter den in das UNESCO-Welterbe aufgenommen Bauten der jüdischen Bewohnerschaft Erfurts sind auch zwei religiöse.

Dass das Bild der Stadt, dass die Urbanität dieser und anderer Städte gerade mit ihrer Religionsgeschichte zusammenhängen, mag überraschen. Wenn wir darüber nachdenken, was Stadt zu Stadt macht, sind es oft Merkmale, die Stadt von Nichtstadt, vom „Land" unterscheiden: Einkaufsmöglichkeiten, Bildungs- und Kulturangebote, Kliniken und Praxen, kurze Wege und öffentlicher Nahverkehr; Religiöses wird dabei oft eher auf dem Lande verortet. Aber auch Enge, Lärm, schlechte Luft, Vielfalt und Unbekannte fallen als Unterscheidungsmerkmale ein. Wer letzteres ablehnt, zieht das Leben auf dem Land vor und kommt nur zum Arbeiten, Einkaufen oder Feiern in die Stadt.

Auf der Suche nach einer Antwort fragen andere nicht nach den Unterschieden, sondern nach Ähnlichkeiten: Was gibt es in Erfurt, was andere Städte auch haben? In diesem Sinne gibt es Stadt nie als eine einzelne. Nie auch nur als Stadt mit ihrem „Hinterland". Von den frühesten Siedlungen an, die nicht mehr nur riesige Dörfer sein wollten, oder genauer: deren Bewohnerinnen und Bewohner das Gefühl hatten, in einer neuen Form des Zusammenlebens zu sein und dieses Zusammenleben neu gestalten zu wollen, kurzum: von Anfang an entstanden Städte nur in Netzwerken von Städten. Das gilt für Mesopotamien wie die Städte an

Erfurt nach Südwesten, vom Steinplatz (Foto Rüpke)

Indus und Ganges, am Gelben Fluss, im Hochland von Äthiopien (Aksum) oder Mexiko (Tenochtitlán), im antiken Mittelmeerraum oder im Mittelalter West- und Mitteleuropas.

Lebten sie auch von der Produktion im Umland, so verdankten sie doch ihre Fähigkeit, sich anders als Dörfer zu entwickeln, ihrer Lage an Meeren, Flüssen und den großen Transportrouten oder dem kurzen Zugang zu ihnen. Das gilt auch für Erfurt mit seiner Furt und (im zwölften Jahrhundert) „Krämer"-Brücke über die Gera, die so für die Via Regia passierbar wurde, die auch durch Frankfurt/Main und Leipzig führte. Das gilt auch im neunzehnten Jahrhundert beim Anschluss an das preußische Eisenbahnnetz und für den heutigen ICE-Knoten.

Diese Vernetzung hatte Konsequenzen, die manchen früher wie heute unerwünscht sind. Ein älterer Erfurter Historiker, Jakobus Dominikus, schrieb im Jahr

1793 in seiner von der Akademie der Gemeinnützigen Wissenschaften zu Erfurt preisgekrönten Schrift „Erfurt und das Erfurtische Gebiet: Nach geographischen, physischen, statistischen, politischen und geschichtlichen Verhältnissen":

„Gegen das XII. Jahrhundert, wo Erfurt schon anfing, sich durch Liebe zur Unabhängigkeit und Reichsfreiheit zu berauschen, und deswegen mit anderen Städten und Völkern Bündnisse schloß, mußte sich der ursprüngliche Nationalbestand sehr vermischen. Mühlhäuser, Nordhäuser, Eichsfelder, Langensalzer siedelten sich in Erfurt an, und waren, so zu sagen, die vermittelnde Macht, wenn jene die Hülfe der Erfurter, und diese die Unterstützung von jenen nothwendig hatten. Seit der Zeit, als Erfurt an Mainz überging (1664), ist der Nationalbestand sich ziemlich gleich geblieben, nur daß Eichsfelder, Mainzer und einige Sachsen sich in Erfurt niederließen und ankauften. Die Summe der Eichsfelder ist freilich die größte" (137). Und eine Fußnote zu den Eichsfeldern ergänzt: „Die, wie manche Pflanzen, nur auf fremdem Boden gut thun". Dass diese Eichsfelder ihre eigenen (und nicht unattraktiven) Städte hatten, wird hier unterschlagen.

Gleich geblieben ist seitdem weder der „Nationalbestand" noch, was sich religiös in Erfurt tut. Aber für beides gilt weiterhin Dominikus' Beobachtung: An anderem Orte verändern sich auch Menschen. Und das gleiche gilt für Religion. Schließlich waren die Erfurterinnen und Erfurt immer beides, Städter(innen) und Religiöse, nämlich Menschen mit einer positiven oder negativen Einstellung zu Religion, Religionsarme und Religionslose eingeschlossen - und all das in Bezug auf verschiedene religiöse Identitäten.

Daraus lässt sich auch eine andere Perspektive auf die Beziehung von Judentum und Erfurt gewinnen. Die Annahme, die dahintersteckt, ist, dass die Erfurter Konstellation – in ihren hellen wie dunklen, gewaltsamen Momenten – kein Einzelfall ist, sondern etwas Allgemeineres vertritt. Religion und religiöser Pluralismus auf der einen Seite und Stadt und Urbanität auf der anderen Seite haben immer etwas miteinander zu tun. Das galt und gilt auch andernorts.

Und das ist die Ausgangsbeobachtung dieses Buches: Die Städte der Gegenwart verändern Religion weitreichend und in ganz unterschiedlicher Weise. Orte traditioneller religiöser Praktiken werden zu „kulturellem Erbe", ja „Welterbe". Religiöse Praktiken siedeln sich auch in Läden (etwa mit kleinen Buddhafiguren) und Hinterhöfen (von evangelischen Freikirchen bis zu buddhistischen Klosterschulen) an. Religiöse Organisationen stellen städtische Dienstleistungen und Infrastrukturen bereit, von Kindergärten zu Pflegeheimen. Kinos werden zu religiösen Erlebnisräumen. Religiöse Gruppen gehen Allianzen ein („Ökumene"), religiöse Identitäten ermöglichen Distanzierungen von der Mehrheit, die in der Lebenswelt sonst kaum mehr möglich sind, vom demonstrativen Besuch von christlichen Gottesdiensten und Kopftüchern bis zum Insistieren auf koscherem Essen. Solche Veränderungen sind nicht neu, sondern waren immer ein Grundzug städtischer Religion.

Religion war immer Motor und Opfer, Gestalter und Überwinder von Stadt. Was heute Religion auszumachen scheint – in ihrer medialen und organisatorischen Gestalt, ihrer Diversität, individuellen Spiritualität, aber auch staatlichen Indienstnahme -, ist zu einem wesentlichen Teil Ergebnis dieses Prozesses. Und umgekehrt haben diese neuen religiösen Praktiken und Vorstellungen städtischen Raum, städtisches Zusammenleben und Vorstellungen von Urbanität innerhalb und außerhalb von Städten geprägt.

Vermutlich gibt es für diesen Zusammenhang im europäischen Raum nur wenige Beispiele, die so schlagend sind wie die hochmittelalterliche und reformationszeitliche Christianisierung von Städterinnen und Städtern und der dadurch veränderte Umgang mit religiösen Minderheiten. Aber gerade in Anbetracht dieses Zusammenhanges möchte ich versuchen, diesen Prozess nicht nur lokalgeschichtlich am Beispiel Erfurts, sondern immer auch globalgeschichtlich und in großer zeitlicher Tiefe in den Blick zu nehmen. Erst ein solcher Blick zurück eröffnet Akteurinnen und Akteuren aus Stadt und Religion, eröffnet uns neue Szenarien für die Zukunft, für das Aushandeln des Zusammenlebens, für Stadtplanung und religiöses Handeln.

Auch wenn dieses Büchlein nur eine Skizze bieten kann, so macht es doch deutlich, dass das, was in der wissenschaftlichen Diskussion als „urban religion" angesprochen wird, weder ein vormodernes Überbleibsel noch ein zeitgenössischer Betriebsunfall der globalisierten Moderne ist. Das hat, wie am Ende erneut angesprochen werden soll, auch ethische Folgen. Vielfalt, Diversität, auch und gerade religiöse Pluralität, und das Vorhandensein von religiösen Gruppen, die als Minderheiten gesehen werden oder sich so betrachten, ist historisch oft Teil der Praxis und Idee von Stadt. Religion und Religiosität sind Teil von „Urbanität", den Vorstellungen und Modalitäten vom Zusammenleben in der Stadt und in der je eigenen Stadt. Und Religion – der Turm zu Babel weist das aus – gehört zu den wichtigsten und frühesten Formen, über Stadt nachzudenken.

Betende vor einem Tempel, Kyoto (2019, Foto Rüpke)

Religion und Urbanität

Schauen wir uns zunächst beide Seiten näher an. Religion, das Leben mit fernen unsichtbaren Mächten, und Urbanität, das Leben mit erdrückend nahen Menschen, sind zwei der erfolgreichsten Strategien der menschlichen Spezies. Unter „religiösen Praktiken" verstehe ich dabei die Kommunikation mit nicht unbezweifelbar plausiblen Adressaten, mit Akteuren jenseits der unmittelbaren Situation, mit Verstorbenen oder Göttern oder einem Gott. Was die Menschen hier ansprechen, ist jenseits des Hier und Jetzt angesiedelt, aber zugleich für das Hier und Jetzt relevant und mächtig. Relevant und mächtig heißt: Diesen übermenschlichen Akteuren wird von den menschlichen Akteuren Handlungsfähigkeit zugeschrieben.

In der Ansprache von Göttern, Dämonen, toten Ahnen und dergleichen erweisen sich religiöse Praktiken (und die in ihnen enthaltenen oder bewusst zum Ausdruck gebrachten Vorstellungen) als trennend oder integrativ: Sie schaffen Bindungen zwischen Menschen oder bringen sogar Familie, Nachbarschaft, Verein, Stadtviertel, Städte oder größere Verbände und ihre jeweiligen Mitglieder hervor: Dazugehört, wer mitmacht. Religiöse Praktiken und Vorstellungen können aber auch dazu dienen, Grenzen zwischen Menschen zu ziehen. Das ist die grundlegende Ambi-

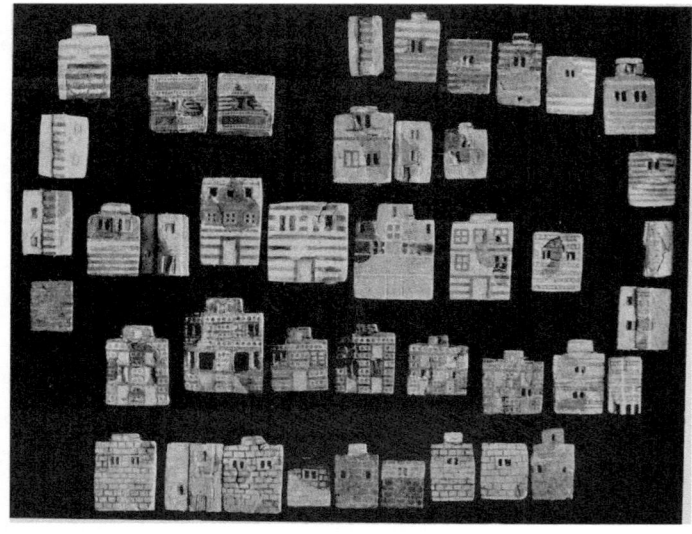

Hausdarstellungen im Palast von Knossos, Kreta
(ca. 17. Jh. v. Chr., aus A.j. Evans, The Palace of Minos 1,
London 1921, Abb. 223).

valenz von Religion. Über die archaischen Hochkulturen bis in gegenwärtige Gesellschaften hinein spielen solche Praktiken und Vorstellungen eine sichtbare, ja wichtige oder gar überragende Rolle, ob in der Legitimation von Herrschern, der Eröffnung öffentlicher Räume und öffentlicher Kommunikation oder, um so Unzufriedenheit und Dissens mit der herrschenden Administration zu äußern.

Das Phänomen der Urbanisierung ist deutlich jünger als religiöse Praktiken. Zwar sind einzelne monumentalisierte Zentren für die Zusammenkünfte einer größeren Anzahl von Menschen in Kleinasien schon im neunten Jahrtausend v. Chr. nachweisbar (Göbekli Tepe). Dennoch, es dauerte weitere Jahrtausende bis zu permanenten Siedlungen, die aufgrund ihrer Größe und Funktion in Produktion wie Austausch als „Städte" angesprochen werden. Netzwerke solcher Großsiedlungen wurden unabhängig voneinander in den großen Stromtälern Chinas und des Ganges, Mesopotamiens und Ägyptens und dann an oder im Hinterland der Küsten des östlichen Mittelmeers, im fruchtbaren Halbmond und auf Kreta gegründet; erst später in Mittelamerika, der Westküste Südamerikas und im subsaharischen Afrika. Aber noch im ersten Jahrtausend n. Chr. waren in den Urbanisierungsregionen des Mittelmeerraums eher fünf denn zehn Prozent der Bevölkerung in solchen Siedlungen ansässig.

Auch im deutschen Hochmittelalter dürfte der Prozentsatz kaum über zehn hinausgegangen sein. Stadtleben war in allen Gesellschaften vor dem neunzehnten Jahrhundert etwas Besonderes, und eine Vielzahl von Texten zeigen uns, dass die Städterinnen und Städter das so – und mit Stolz – wahrnahmen. Das gilt auch für Erfurt als eine der größten deutschen Städte im Mittelalter. Verglichen mit heute waren auch diese Städte klein. Wohl erst um 1500 überschritt mit Köln erstmals eine deutsche Stadt die Schwelle von 40.000 Einwohnern. Erst in den allerletzten Jahren sind im

Tokyo, Sumida River (Foto Rüpke)

globalen Maßstab mehr als die Hälfte der Menschheit „Städterinnen und Städter" geworden.

Nun bewegen wir uns nach UN-Schätzungen zügig auf die 60-Prozent-Marke zu. Megacities und große Metropolitan-Gebiete stellen das ökonomische Rückgrat der globalen Produktion und des globalen Austausches dar. Die Megalopolis des weiteren Einzugsbereiches von New York umfasst ein Sechstel der Bevölkerung der Vereinigten Staaten und ein Fünftel des Bruttosozialproduktes der USA. Im Großraum Moskau wird die Hälfte des russischen Bruttosozialprodukts erarbeitet. Es sind genau diese Städte, die als

Stadtfest, Toulouse (Foto Rüpke)

Motoren der Innovation und als Agenten vieler Globalisierungsprozesse verstanden werden, auch wenn selbst für den Bereich der globalen Finanzwirtschaft zahlreiche schlecht bezahlte manuelle Tätigkeiten dieses Bruttosozialprodukt erwirtschaften.

Freilich kann und muss man mit diesen Zahlen vorsichtig umgehen. So wie noch nicht religiös ist, wer eine Buddha- oder Marienstatue abstaubt und wieder ins Regal stellt, so noch nicht urban, wer sich in einem als Stadt klassifizierten Ort aufhält. Die kritische Raumforschung der letzten Jahrzehnte hat uns sehen gelehrt, dass auch Räume kulturelle Produkte, durch menschliche Bewegungen und Gestaltungen gemacht sind. Raum prägt Kultur, aber es ist primär der kulturell geprägte Raum, der das zu leisten vermag. Wenn mich die Straßenverengung nicht zu einer Richtungsänderung zwingt, da ich ohnehin geradeaus gehe und ich gar nicht merke, wie die Häuser näher an meinen Weg herantreten, bleibt der physikalische Raum wirkungslos; ob ich das Hindernis als eines betrachte, das es zu umgehen oder aber zu überklettern gilt, ist ebenso meine Entscheidung.

„Stadt" ist nicht einfach eine objektiv messbare Größe – gegeben ab soundso viel Hektar, ab soundso viel Einwohner, ab soundso hoher Bevölkerungsdichte, ab diesem oder jenem Funktionsspektrum. Viele hochmittelalterliche westeuropäische Städte mit vollen Stadtrechten hatten kaum mehr als tausend Einwohner, waren kleiner als große Dörfer. Viele Menschen, die sich in Städten aufhielten oder aufhalten, waren nicht nur nicht permanente Bewohnerinnen, sondern oft auch keine Städter: Touristen aus ländlichen Regionen, Bauern und Händler aus dem Umland oder Schülerinnen, Studierende, Kranke, Einkaufende aus der näheren oder weiteren Umgebung. Administrative Eingemeindungen verliehen – das mögen viele am eigenen Leib erfahren haben – Millionen von Eingemeindeten noch kein städtisches Lebensgefühl, sondern allenfalls Ärger über entferntere Behörden. Und umgekehrt ziehen Tausende der städtischen Einwoh-

Marktplatz von Montpazier, Dordogne (gegr. 1285)
(Foto Rüpke)

nerschaft aus der Stadt ins Umland, aus Kostengründen, in bestimmten Lebensphasen, ohne ihre städtische Identität aufzugeben.

Kurzum, nehmen wir Raum als kulturelles Produkt ernst, ist nicht „Stadt", sondern „Urbanität" relevant: die Wahrnehmung in einer Stadt zu sein, der Wille oder gar Stolz, Lust oder Last. Das kann Urbanität auf Zeit sein, auch eine Urbanität, die man außerhalb einer Stadt zu verwirklichen sucht. Das kann eine Selbstreflexion auf das eigene Leben in der Stadt sein, die bei manchen Schichten und Individuen viel stärker oder anders ausfällt als bei anderen. Das spätmittelalterliche Patriziat Erfurts sah die Stadt wohl anders als selbst reiche Händlerfamilien. Der Ratsmeister Heinrich von Denstedt ließ den Fries der fünf Sinne am Haus zum breiten Herd weit über das dafür genutzte Vorbild von Frans Flores mit Stadtdarstellungen ausschmücken. Solche Vorstellungen können aber jeden

Das Haus zum breiten Herd am Fischmarkt mit dem
Fries der fünf Sinne, 1584 (Foto Rüpke)

Moment auf Menschen in der Stadt treffen, die genau
diese Urbanität für sich selbst ablehnen. Vielleicht
verwerfen diese sogar die Behauptung, Urbanität sei
positiv, als Teil urbaner Ideologie. Urbanität ist in ihren Inhalten nicht festgelegt. Manche wollen die anderen, die Nichtstädtischen, gerade draußen halten,
manche gerade diesen die städtische Bildung und Le-
bensform nahebringen. Und manche ziehen weg, um
sich woanders ihre Idealstadt aufzubauen oder einfach
nur in ihrer selbst gewählten Lieblingsstadt städtische
Dienstleistungen und Atmosphäre zu konsumieren.

Doppelbiographie

Teil eines heute verbreiteten urbanen Selbstbildes ist es, Urbanisierung und Modernisierung gleichzusetzen. Dabei lässt schon die Darstellung aus Knossos (oben, S. 16) aus dem zweiten Jahrtausend v. Chr. mit ihrer Vielzahl ähnlicher, aber doch unterschiedlicher Häuser eine zweifelsfrei urbane Selbstwahrnehmung erkennen. Auch der Begriff der *urbanitas* als einer eng gefassten, ja arroganten Norm städtischer Sozial- und Bildungseliten stammt schon aus der Antike.

Für Religion und Urbanität ist das mehr als eine Datierungsfrage. Es geht um ihr Verhältnis. Wo Modernität das Selbstbild bestimmt, wird dieses Verhältnis oft so erzählt, als habe Urbanität Religion einfach abgelöst: Urbanisierung und Modernisierung vertrieben die Religion, die Städte seien die ultimativen gottlosen Orte.

Diesem Bild will ich hier ein anderes entgegenstellen: Beides hat sich in enger Wechselwirkung entwickelt. Kein Zweifel, es gab Religion vor der Stadt, und Urbanität wurde auch aus anderen Motiven als religiösen angestrebt. Aber im konkreten Zusammenleben, in seinen Formen und den Vorstellungen davon, ist die gegenseitige Einflussnahme unübersehbar. Angefangen mit Kirchhöfen als innerstädtischen Begräbnisplätzen in den neuen urbanen Zentren des Mittelalters, dem flächendeckenden Bau von Pfarrkirchen im

Evangelisches Vereinshaus von 1905 in der Bildmitte, rechts davon das Haus zum Güldenen Stern, in dem bereits 1473 gedruckt wurde. Allerheiligenstraße, Erfurt (Foto Rüpke)

Hochmittelalter und erneut Gemeindekirchen in den explodierenden Städten des protestantischen und katholischen Deutschland des neunzehnten Jahrhunderts und organisierter Seelsorge durch Erweckungsbewegungen über die Heilsarmee und den YMCA bis hin zu spezifisch städtischen Formen von Versammlungsräumen und Ritualen heute erweisen sich gerade Städte als Zentren religiöser Dynamik. Die Religion von Immigrantinnen und Immigranten macht auf diesen Zusammenhalt nur erneut aufmerksam. Das gilt in Erfurt nicht anders als in asiatischen Großstädten. Das reicht von den oft nur noch als Türmen verbliebenen Pfarrkirchen über verbliebene Heiligenfiguren umgenutzter Klöster bis hin zur Nutzung alter Profanbauten für religiöse Einrichtungen, vom jüdischen Gemeindesaals bis zum Evangelischen Vereinshaus von 1905 und der Druckwerkstätte zum Druck von Ablassbriefen direkt daneben.

Wir können, so die zentrale Folgerung, nicht einfach von Religion in der Stadt sprechen, sondern müssen danach fragen, wie sich Religion unter bestimmten räumlichen und sozialen, nämlich urbanen Bedingungen verändert hat. Und wie sich städtische Verhaltensweisen und Vorstellungen vom Leben in der Stadt und als Stadt, kurz: wie sich Urbanität unter diesen religiösen Bedingungen verändert hat. Das gilt für die Vergangenheit, für das Verstehen des Gewesenen und des aus ihm Entstandenen. Es gilt aber auch für die

Zukunft: Für die Frage, ob und gegebenenfalls wie wir als Urbane zusammenleben und mit dem Erbe, der Chance und dem Auftrag der Siedlungsform „Stadt" umgehen wollen. Und es gilt für die Frage, wie wir mit religiösen (Kirchentagen, Umweltethik, Fundamentalismen) oder eben religionslosen (Jugendweihe, Fan-Kultur, Konsumdenken) Praktiken, Vorstellungen, vielleicht sogar Institutionen anderer oder eben unseren eigenen umgehen und leben wollen.

In diesem Buch möchte ich wie in einer Doppelbiographie einige Entwicklungsstränge verfolgen, die zeigen, wie tiefgreifend das, was wir heute als „Religion" und „Stadt" verstehen, durch diese Symbiose geprägt wurde – und wie sehr diese das Miteinander und die Vorstellungen vom Zusammenleben verändert hat. Ich möchte dabei nicht vertuschen, wie sehr sich die Prozesse in den frühen Stadtkulturen Chinas, Indiens und des Alten Orients, in den städtischen Netzwerken des Mittelmeerraums, Mittelamerikas und Afrikas, in den jüngeren Entwicklungen in Europa, Afrika, ja weltweit auch im Detail unterschieden haben und unterscheiden. Dennoch lässt sich zeigen, dass es Gemeinsamkeiten und sich wiederholende Konstellationen gibt, die damit auch für unsere eigene Situation, für heutige Religion und Urbanität und auch für Erfurt, in all ihrer Pluralität relevant sind. Neun Prozesse sind es, die dabei neue Blick auf das alte (und junge) Erfurt ermöglichen:

- die Monumentalisierung des städtischen Raumes und der Adressaten religiöser Kommunikation, von Göttern bis zu Heiligen;
- die Zurschaustellung, die Theatralisierung solchen Sprechens, die solche Kommunikation auch für städtische Menschenmassen greifbar werden lassen;
- der fantasievolle und immer stärker um sich greifende Einsatz von Schrift im religiösen Tun und Denken;
- die Individualisierung der städtischen Akteure schon weit vor jeden Form von Moderne;
- die zunehmende Arbeitsteilung und Professionalisierung, die im religiösen Bereich oft der produktionstechnischen Arbeitsteiligkeit vorangeht oder sie – nicht zuletzt im Bemühen um Ästhetisierung – überbietet;
- die Bildung religiöser Gruppen, auf nachbarschaftlicher Basis oder in Netzwerken quer zu anderen räumlichen und familiären Zusammengehörigkeit;
- die religiöse Strukturierung der städtischen Zeit und die zeitliche Strukturierung religiöser Praktiken;
- die religiöse Überbietung des städtischen Blicks über die Stadtmauern hinaus auf andere Städte, Unter- und Himmelswelten; und schließlich
- das Ausmalen von Alternativen zur Stadt, die religiöse Überhöhung von Ländlichkeit und Natur als Merkmal auch des Urbanen.

In jedem einzelnen Fall stelle ich religiöse Phänomene im städtischen Raum vor, die Ausdruck oder Ursache tiefgreifender religiöser Veränderungen waren und sind. Sie haben das städtische Lebensgefühl und Lebensweise, die Urbanität, die Art und Weise, einen Ort zur Stadt zu machen, verändert. Es geht um verflochtene Entwicklungen, nicht um die Behauptung von Ursprüngen. Viele der religiösen Phänomene, die städtische Entwicklungen prägen, sind außerhalb von Städten entstanden, sind dorthin exportiert oder gar dort weiterentwickelt worden – ich muss nur das Stichwort „Klöster" nennen: auch Urbanität kann es jenseits der Stadt geben. Aber an der These, dass das Lebensgefühl „Stadt" ein wichtigerer Faktor war als die bloße Anzahl von Menschen in einer Siedlung, muss man festhalten.

Monumentalisierung

Monumentalität ist schon vorstädtisch, ob als Zeichen siedlungsübergreifender Kooperation oder Herrschaft. Gräber Höhergestellter oder herausgehobener Familien wurden oft von den Nachkommen, die sich so räumlich verankerten wie sozial verorteten, in der Form von großen Grabhügeln monumentalisiert, Versammlungsplätze mit Steinreihen oder Palisaden erlaubten die Inszenierung von Herrschaft.

Das Prinzip des sinntragenden Größenunterschieds wurde auch in die Stadt getragen. Die „speziellen" Adressaten, Ahnen, Gottheiten, erhielten spezielle Orte: ausgespart aus städtischer Bebauung oder diese überbietend. Die Formensprache für das ganz Andere wird dann von denjenigen, die diese Innovation betreiben, gerne von kulturell Anderen, von Griechen aus Ägypten, von europäischen Renaissancefürsten aus der römischen Antike, übernommen. Steigerungen können Anzahl und Größe betreffen, Qualität wird gerade im Gespräch mit dem Göttlichen ausprobiert und definiert. Übergroß kann ein Bild eines Ahnen oder einer Gottheit oder deren Aufenthaltsort sein.

Wer so etwas macht, gewinnt selbst an Ansehen; diese Logik religiösen Investments ist oft genug beschrieben worden. Die Repräsentierung, die Vergegenwärtigung der speziellen Anderen, die so sichtbar, fassbarer und

Marienstatue, Le Puy-en-Velay, Frankreich, 19. Jh.
(Foto Rüpke)

auch kontrollierbarer werden - das verändert auch die religiösen Zeichen und Praktiken und ihre Logiken. Schon im ersten Jahrhundert v. Chr. vermutet der antike Gelehrte Varro, dass der Gott der Tagblitze, Juppiter, deswegen bekannter geworden sei als der Gott der ebenso zahlreichen nächtlichen Blitze, Summanus, weil ersterer im Laufe der Zeit einen größeren Tempel erhalten hatte. Namen von Gottheiten, ihre Bilder und ihre Geschichten verbinden sich leichter mit einem

Alte Synagoge Erfurt, Giebelseite von 1270, jetzt
UNESCO-Welterbe (Foto Rüpke 2008)

Ort; stabile Kultorte stabilisieren überhaupt erst einen
Polytheismus, eine Vielzahl von Göttern und göttlichen Helfern; erst die Statue macht klar, ob die mütter-
liche Seite des Göttlichen aus einer Muttergottheit
(oder Mutter Gottes) oder drei Müttern, den „Matres",
besteht.

Der hohe mediale Aufwand verschafft Sichtbarkeit
und dauerhafte Präsenz; erst solche Gottheiten können
zu Besitzern von Bodeneigentum werden und Kapital
einsammeln, ob direkt oder durch ihre menschlichen
Verwalter, Synagogengemeinden, Moscheestiftungen

Kaufmannskirche am Anger, Erfurt (14. Jh., Foto Rüpke)

oder Bettelorden. Die Zuschreibung von Bedeutung und Wichtigkeit kann im Wettbewerb der Höhe von

Kirchen- und Synagogenschiffen (hier liegt die Alte Synagoge Erfurts dicht bei der Kaufmannskirche am Erfurter Anger) – und manchmal auch der Schornsteine und Fabrikhallen – erfolgen. Architektur wird zum Logo religiöser Gruppen oder Amtsträger. Kathedralen überstrahlen Gemeindekirchen, eine zentrale „Freitagsmoschee" sieht (wie eine Kathedrale in Bischofssitzen) die städtische Elite häufiger in ihren Mauern als andere Moscheen. Die Alte Synagoge in Erfurt dürfte anderen zum Beten genutzten Räumen (wie jenen im „steinernen Haus" hinter dem Erfurter Rathaus, der mit seiner erhaltenen Deckenbemalung aus dem dreizehnten Jahrhundert nun ebenfalls Welterbe ist) schnell den Rang abgelaufen haben.

Die architektonische Präsenz und der Kampf um Bedeutsamkeit bleiben nicht ohne Einfluss auf das Stadtgefühl. In vielen Regionen und Epochen präsentieren Herrschende oder städtische Administrationen, aber auch einfache Städterinnen und Städter, ihre Stadt unter dem „Logo" religiöser Stätten. Der Erfurter Domberg ist dafür ein gutes Beispiel.

Religiöse Architektur kann weit über die unmittelbaren Nutzerinnen und Nutzer hinaus städtische „Atmosphäre" prägen. Selbst gegen den Willen religiöser Akteure können andere städtische Akteure sich solche Orte als gemeinsames „Erbe" aneignen – die Peterskirche auf dem Petersberg ist heute Ausstellungsraum und nicht wieder zur Kirche geworden. Das kann läs-

Domberg mit Severi-Kirche (hier links) und
Dom St. Marien (hier rechts)
von Westen her
(Foto Rüpke)

Stadtansicht Erfurt des 18. Jhs. von Seb. Münster
(aus W. Tettau, Beschreibende Darstellung, 1890, Abb.1)

tig sein, aber auch den religiösen Trägern ungeahnte Sichtbarkeit und vielleicht sogar finanzielle Mittel gewähren. Orte wie das heutige Lagos, Aschgabat oder Taschkent zeigen monumentale, durch Herrscher oder ihre Administrationen finanzierte religiöse Architektur als städtische Skyline.

Für die Besucherinnen und Besucher von Orten, die diese Orte als Städte verstehen wollen, kann sich die Lesbarkeit des Ortes als Stadt gerade aus der weithin sichtbaren Monumentalität religiöser Bauten oder aus deren Vielfalt ergeben: Stadt ist dort gegeben, wo es mindestens zwei Kultorte, und sei es für dieselbe Gottheit, gibt. Es ist bekannt, wie verbreitet das Missverständnis ist, Marienkirche und Sankt Severi, das Kirchenpaar auf dem Domberg, repräsentierten Katholizismus und Protestantismus in Erfurt – beides sind römisch-katholische Kirchen. Und doch wird die Zweizahl als Symbol der Bikonfessionalität Erfurts gelesen. Die Rosette der Alten Synagoge, die denen christlicher Kirchen Erfurts gleicht, ist auch Ausdruck eines geteilten städtischen Lebensgefühls.

Palmsonntagsprozession mit Figurengruppen, hier die
über den toten Christus gebeugte Maria,
in Heiligenstadt, Eichsfeld 20. März 1978
(Foto Jürgen Ludwig, Bundesarchiv Bild 183-T0523-301).

Zuschauen statt Glauben

Religiöse Kommunikation kann an dem einen Extrempunkt das heimliche Zwiegespräch mit dem Göttlichen sein, am *anderen* das allein zwischen Menschen geführte Gespräch über das Göttliche: Mystik und Theologie. Der Dominikanermönch, Pariser Professor und Erfurter Dominikanerprovinzial Meister Eckhart repräsentiert beides, aber auch auf der jüdischen Seite stehen Intellektuelle, die über das Göttliche und das Verhältnis zu ihm nachdenken. Dazwischen liegt das Gebet, das Singen, das Feiern im kleinen Kreis, ein breites Spektrum, in dem die Kommunikation mit Ahnen, Geistern, der Gottheit – und Kommunikation kann selbstverständlich auch heißen, ihnen oder ihr gemeinsam zuzuhören – von mehreren oder vor und für mehrere Menschen unternommen wird. Das mag vielfach parallel in kleineren Gruppen erfolgen. In vielen Städten werden aber rituelle Formen adaptiert oder entwickelt, die es erlauben, eine größere Anzahl von Personen zu beteiligen. Das ist nicht einfach der Tatsache der höheren Konzentration von Menschen in Städten geschuldet, sondern wiederum dem kulturellen Faktum, dass diese größere Anzahl und oft potenziell die gesamte Stadtbevölkerung auch insgesamt angesprochen oder beteiligt werden soll. Es ist eine Folge von Urbanität.

Gespielte Prozession in einer Aufführung des Theaters
Erfurt, Brühler Straße, Erfurt 2010 (Foto Rüpke)

Zentral ist die Vergrößerung des Versammlungsraums
für traditionelle Typen von religiöser Kommunikation.
Aber es gibt Innovationen darüber hinaus. Es blieb
also nicht mehr beim Gebet am Altar, das schon in einigen Metern Entfernung nicht mehr verstanden werden konnte, oder bei der Tötung eines Tieres, dessen
Zubereitung, wenn es viele ausreichend speisen soll,
Stunden des Wartens und vermutlich des Gesprächs
zwischen Nebeneinanderstehenden oder -sitzenden
abverlangte. Historisch die vermutlich wichtigsten

neuen Formen dafür waren die Prozession und das religiöse Schauspiel, das Theater.

Umzüge, die symbolische Verknüpfungen zwischen Orten herstellen, gab und gibt es auch außerhalb von Städten. Anders gelagert sind aber Prozessionen, bei denen eine geringere Anzahl herausgehobener Akteure religiöse Objekte, ja Gottheiten selbst an ortsstabilen Beobachtern vorbeiführt. Deren religiöse Kommunikation konzentriert sich auf den kurzen Moment der geringsten Distanz, der aber eingebaut ist in einen Spannungsbogen ereignisreichen Wartens im Anblick vorbeiziehender religiöser Rollenträger, im Hören auf herannahende oder sich entfernende Töne. Eigene, spontane oder orchestrierte Aktivität – Singen, Fähnchen-Schwingen – steigert die Beteiligung. Ausgangspunkt und Ziel der Prozession – ob mit einer Marienstatue in Heiligenstadt oder der konsekrierten Hostie der Fronleichnamsprozession in Erfurt – mögen bedeutungsstiftend sein, aber man muss sie nicht selbst betreten haben. Oft geht das überhaupt nicht. Und beim Karnevalsumzug spielen sie gar keine Rolle. Der Umzug mit der Torarolle – gegebenenfalls innerhalb einer Synagoge – ist hier zu nennen. In Erfurt geht die Größe der Torarollen mit der Größe der Alten Synagoge einher. Solche Rollen sind etwas fürs Auge, und zwar nicht des Vorlesers, sondern der Zuschauenden.

Eine ähnliche Konstellation ergibt sich durch das, was man auch Theatralisierung von Ritual nennen könnte.

Religiöse Kommunikation wird zum Schau-Spiel. Das können in der konkreten Ausgestaltung sportliche Wettkämpfe, Theaterstücke, Tänze oder mimetische Darstellungen religiös aufgeladener historischer Ereignisse sein, es kann in Olympia (die Olympischen Spiele der Antike), Oberammergau (die Passionsspiele seit 1634) oder Osaka (das jährliche Tenjin Matsuri, das die Gottheit Sugawara Michizane seit 951 n. Chr. am 25. Juli durch die ganze Stadt führt und unterhält) stattfinden. Grundkonstellation ist immer, dass die eigentlichen Adressaten Gottheiten sind, für die oder denen zu Ehren diese Ereignisse stattfinden.

Aber zugleich ist das für eine große Menschenmenge Unterhaltung, Erbauung, ja intensive emotionale Beteiligung: In den antiken Rennbahnen *(circus)* fieberte man mit dem Wagenfahrer, in den Theatern bewunderte und beklatschte man die Bühnenprotagonisten (und gelegentlich Schauspielerinnen), man dachte mit und voraus. Das alles waren Geschenke für die Gottheiten. Belehrung und Gottesdienst wie die „Mysterienspiele" der Frühen Neuzeit, in denen nicht nur von der Auferstehung Christi gepredigt, sondern diese mit Figuren, Stricken und Öffnungen in der Kirchendecke auch vorgeführt werden konnte. Im Erfurter Dom lässt sich eine solche Christusfigur in ihrem Holzsarkophag noch heute betrachten.

Zwar können sich, zumal bei Wettspielen, bei solchen Veranstaltungen Gruppierungen bilden, die rivalisierend oder homogenisierend ein zunehmend stärkeres Wir-Gefühl erzeugen. Primär aber spricht diese Form religiöser Kommunikation die vielen Einzelnen an. Ihnen gelten die architektonischen Anstrengungen, die diese Form der anhaltenden, oft ein oder mehrere Tage in Anspruch nehmenden zuschauenden Beteiligung überhaupt erst ermöglichen. Das unterscheidet Zirkusse, Theater oder bühnenartige Tempelvorplätze oder geöffnete Fronten von der Prozession, die nur temporär städtischen in sakralen Raum umdefiniert.

Und wieder gilt es zu betonen, dass es hier nicht um ein „Add-On" von Religion in der Stadt, sondern um eine tiefgreifende Veränderung hin zu urbanisierter Religion geht. Die medialen Formen heben sehr unterschiedliche Inhalte in den Vordergrund: die bedeutende und stellvertretende Rolle bestimmter religiöser Spezialistinnen und Spezialisten etwa, ob ein Synagogenvorsteher oder Vertreter des Bischofs von Mainz; die Idee der Offenbarung göttlichen Willens im spielerischen, scheinbaren Zufall; die Realpräsenz des Christus in der Hostie und damit seine Distanz; die Gegenwärtigkeit des sprechenden Gottes in der Gesetzesrolle: Religiöse Praxis wird eventisiert, schon seit mehr als zwei Jahrtausenden.

Solche religiöse Praxis lässt Urbanität nicht unverändert. Sie schafft oft die einzigen Räume städtischer Öffentlichkeit, das heißt gemeinsame Anwesenheit von vielen, die sich so eines gemeinsamen Status als (bei-

Umzug beim Internationalen Tanzfestival Danetzare am
Domplatz Erfurt vorbei (2011, Foto Rüpke)

spielsweise) Bürger versichern können. Sie bietet An-

Für die seit 1994 regelmäßig stattfindenden Domstufen-Festspiele verwandelte sich 2022 der Zugang zum Domberg für Verdis Oper Nabucco in eine jüdische Kultstätte (Foto Rüpke)

satzpunkte eines städtischen „Brandings", wie wir es für antike wie heutige Fest-Spiele in großer Zahl wahrnehmen können. Die lose und individualisierte Form der Beteiligung erlaubt, solche religiöse Praxis als „Kultur" zu verstehen, die von religiösen Prämissen und Gehalten losgelöst ist. Vieles, was sich einer institutionellen Betrachtung als konfessionelle Veranstaltung darstellt, war und ist breite städtische Unterhaltung. Zeugnisse von Juden in christlichen Gottesdiensten gibt es hinreichend, das Erfurter Martinsfest ist heute ein städtisches Spektakel, weit über die Grenzen der organisierenden Kirchen hinaus. Angehörige dieser Stadt zu sein ist dann wichtiger für die Teilnehmenden als die vielen kleinen, auch religiösen Unterschiede, auf die sonst so viel Wert gelegt wird.

Schreiben

Aufzeichnungssysteme und Schrift sind städtische Erfindungen im Dienst der Verwaltung und der „Lesbarkeit", der Regierbarkeit der Stadt. Auch wenn Schrift keine Erfindung für religiöse Kommunikation ist, schnell genutzt wurde sie für religiöse Praktiken allemal. Das beginnt bei der Beschriftung von Geschenken an die Götter, Geschenke, die nun nicht mehr nur im Moment der rituellen Übergabe, sondern gewissermaßen anhaltend reden und für das adressierte Göttliche wie manchmal auch menschliche Betrachter dauerhaft verständlich sind. Grabinschriften folgen dieser Struktur und nicht zufällig ist oft „unvergesslich" in den Stein gemeißelt. Es führt hin zu „heiligen Texten" und sogenannten „Schriftreligionen", in denen Leserituale und Kommentierung und Auslegung kanonisierter Texte zentrale religiöse Praktiken sind, nicht mehr Tieropfer oder das Versenken von Gaben. Das führt auch hin zu Formen von Briefwechsel über oder gar mit Gottheiten und Internetreligion.

Diese Praktiken – die auch für Mitglieder solcher Schriftreligionen oft nur marginalen Charakter haben – zeigen eine radikale Veränderung von Religion an: Sie schaffen eigene sakrale Räume, eigene Kommunikationsformen und religiöse Rollen und produzieren

Toraschrein der im 19. Jh. genutzten „Kleinen Synagoge" und das hinter dem Rathaus an der Gera gelegene Gebäude (mit einer Mike im Kellergeschoss) von außen (Foto oben G. Freihalter, Wikimedia Commons, CC-SA 3.0, unten Rüpke)

neue Bedeutungen für eine Vielzahl auch traditioneller Praktiken. In der kleinen Synagoge ist zwar die Birma, das Podium zum Lesen, nicht erhalten, wohl aber der Toraschrein. Aus der vorreformatorischen Thomaskirche ist wenigstens die Säule, die im vierzehnten Jahrhundert samt Kanzelkorb neu eingebaut wurde, erhalten; reich geschmückte Kanzeln prägen oft die Mittelachse der reformierten Erfurter Kirchen.

Die Entwicklung religiöser Schriftlichkeit hatte auch Einfluss auf urbane Schriftlichkeit und Konzepte von Urbanität – und nicht in erster Linie umgekehrt. Schon in der Antike trugen Inschriften für Gottheiten und Ahnen Schriftlichkeit weit über den Raum des wirtschaftlichen und administrativen Bereichs und einen engen Kreis von „Schreibern" hinaus. Angestoßen von griechischer Philosophie wurde Religion zu einem Gegenstand von „Wissen", das in schriftlicher Form gesichert und verbreitet wurde. Solches Wissen war definierender Bestandteil dessen, was *urbanitas* hieß und den – und zwar nur den – gebildeten Städter vom Landvolk, von den *rustici* unterschied.

Es war die Notwendigkeit, die biblischen Texte und ihre Kommentartradition zu verstehen, die über die spätantiken Umbrüche und den Verlust von Bildungstraditionen jenseits der rabbinischen Schulen hinweg Klöster und später städtische Kathedralen zu Bildungsträgern machte, die erst im europäischen Hochmittelalter von städtisch getragenen Universitä-

Die Engelsburg mit der vorkragenden Bohlenstube von der Allerheiligenkirche aus (Foto Rüpke, 2023).

ten überboten wurden. Das Hauptgebäude der Erfurter Universität (1379 gestiftet), das Collegium maius, ist noch heute neben dem Haus ihres berühmtesten Büchersammlers und Rektors 1394/95, Amplonius Rating de Berka, gelegen. Entstanden ist sie als Zusammenschluss der überregional tätigen klösterlichen Ausbildungsstätten in Erfurt. Es ist städtisches Judentum, das in Erfurt jüdische Gelehrte hervorbrachte oder anzog und so ein Knoten in einem großräumigen Netz jüdischer Gelehrsamkeit wurde. Solche Gelehrsamkeit – über die Grenzen von christlichen und jüdischen Dialogen hinweg – und ihre materiellen Hinterlassenschaften, Bücher nämlich, machte Erfurt zur gelehrten Stadt und schließlich Universitätsstadt. Nicht nur zu einem Stapelplatz von Handelswaren oder Zehnt-Abgaben. In Amplonius' Haus, heute das internationale Gästehaus der Universität, wurde ab 1525 gedruckt. Da war Erfurt schon ein Zentrum auch kritischer Betrachtung zeitgenössischer Religion, wie sie in der Engelsburg geübt wurde.

Religiös wie städtisch waren solche Umschlagplätze von Schriftgut und Gedanken nicht immer erwünscht. Der Genius loci könnte sich ja wie eine Infektion ausbreiten! Die eigentliche „Engelsburg" wurde 1952 abgerissen und ist heute durch das einstöckige Eingangsgebäude an der Allerheiligenstraße ersetzt. Aber schon zu Beginn des sechzehnten Jahrhunderts waren mehrere Gebäude mit dem ursprünglichen Spital verbunden, das an die Allerheiligenkirche angeschlossen war. So haben die mittelalterlichen Häuser des „roten Hirsches" oder des „schwarzen Pferdes" Anteil an der Geschichte und Atmosphäre der Wohnungen und Treffpunkte von Professoren der Universität Erfurt und europäischen Intellektuellen in der ersten Hälfte des sechzehnten Jahrhunderts. In einigen der erhaltenen Räume wie der vollständig holzverkleideten Bohlenstube ist diese Atmosphäre noch zu erahnen.

Die geistige Bedeutung des Ortes ist mit Menschen verbunden. Helius Eobanus Hessus („aus Hessen", gest. 1540) hatte in Erfurt studiert und von 1514 bis 1526 die Professur für lateinische Sprache und Komposition an der Universität besetzt. Er unterrichtete die vorbereitenden Sprachkurse für die Lingua franca der mittelalterlichen europäischen Wissenschaften, Medizin, Jurisprudenz, Philosophie und Theologie inbegriffen. Berühmt und weithin bekannt (und gesucht) wurde er, weil er sich der Komposition lateinischer Dichtung widmete. Das tat er in der Form fiktiver Briefe weiblicher Heiliger nach dem Vorbild der "Heldeninnenbriefe" des antiken Schriftstellers Ovid und in einer Sammlung von Gedichten zu verschiedenen Themen, die (wie ähnliche Sammlungen in der Antike) einfach „Wälder" *(silvae)* hießen. Die Renaissance und ihr humanistisches Programm mussten nicht mit der kirchlichen Reform und der Reformation (die sich seit 1517 vom nahen Wittenberg aus verbreitete) zusammengehen, aber Intellektuelle wie Philipp Melanchthon oder Johannes Reuchlin brachten sie zusammen. Erst die Kenntnis des Lateinischen, Griechischen und Hebräischen ermöglichte das richtige Verständnis der christlichen Heiligen Schriften und eröffnete einen direkten Zugang unter Umgehung der kirchlichen Lehre und der Scholastik.

Diese Position war bereits in den Jahren zuvor vertreten worden. Erfurt spielte in der Debatte eine, wenn auch indirekte, Rolle. Verantwortlich dafür waren Crotus Rubianus und Ulrich von Hutten (gest. 1523), die

Die Predigerkirche als größter erhaltener Teil des Dominikanerklosters (13. Jh.); die Kirche dieses Bettelordens besitzt keinen Turm. Der Paulskirchenturm (15. Jh.) ist nicht mit ihr verbunden, sondern verbliebener Teil einer eigenen Kirche schon des 12. Jhs., Erfurt (Foto Rüpke)

beide im ersten Jahrzehnt des sechzehnten Jahrhunderts gemeinsam mit Eobanus und Martin Luther in Erfurt studiert hatten und mit Personen wie Eobanus und Mutianus Rufus im nahen Gotha (gest. 1526) und deren europäischen Netzwerken in Kontakt standen. In Versionen und Erweiterungen zwischen 1515 und 1517 veröffentlichten sie die epistolae obscurorum virorum ("Briefe obskurer Männer"). Angeblich von Dominikanern aus Erfurt (und anderen Städten) verfasst, stellten diese Briefe in Wortlaut und Inhalt die Kritiker des Humanismus auf satirische Weise als dumm und ausschweifend dar. Bezieht man diese Argumente auf die Engelsburg, so handelte es sich bei geistigem Streit und Spott nicht um entfernte Parteien, Städte oder "Konfessionen", sondern um Streitigkeiten und Auseinandersetzungen unter Nachbarn. Die Engelsburg und das Dominikanerkloster an der Predigerkirche sind nur durch zwei kleine Blöcke getrennt.

Individualität

Gerade städtische religiöse Praxis ist früh zu einem Motor von Individualisierungsprozessen geworden. Die Begegnung mit monumentalen religiösen Zeichen und Räumen fördert die Aneignung religiöser Vorstellungen in individuellem Erleben. Selbst das dadurch auch, nämlich in Massenritualen, ermöglichte gemeinsame Erleben zielt auf die Integration Vereinzelter, setzt gerade nicht die familiäre oder nachbarschaftliche Einbettung fort. Dasselbe gilt für die angesprochenen theatralisierten Formen religiöser Praktiken, die gerade Einzelne ansprechen und erst sekundär zu – freilich sehr temporären und in dieser Konstellation kaum wiederholten – Vergemeinschaftungen führen. Schriftlichkeit verstärkt Individualisierung weiter beziehungsweise bietet ihr andere Felder und Formen. Formen individueller Autorschaft und die Inszenierungen solcher Autoren einer besonderen Verbindung mit dem Göttlichen bieten nicht nur Texte, die in individueller Lektüre konsumiert werden können. Sie bieten auch Rollenmuster, Modelle individueller religiöser Kommunikation, ja sogar religiöser Leistung in der Rezitation oder im Abschreiben oder in der Finanzierung der Vervielfältigung religiöser Texte. Bis in die Frühe Neuzeit ist europäische Buchproduktion manuelles Abschreiben – auch gegen irdischen Lohn, aber

Eoban, Bonifatius und Adolar am Triangelportal des
Erfurter Mariendoms (Foto Rüpke)

oft fürs ewige Leben. Das ist religiöses Verdienst, nicht

ökonomischer Verdienst. In den spätmittelalterlichen und frühneuzeitlichen Bildern, die christliche religiöse Figuren zu Zeitgenossinnen und Zeitgenossen machen, ist die Präsenz von Büchern und der aktive Umgang mit ihnen Standard. Das setzt Normen für das, was die Betrachtenden tun sollen - und auf Grabsteinen weisen sie dann genau das aus. Inschriften erlauben darüber hinaus die eindeutige individuelle Zuordnung anderer, etwa architektonischer Stiftungen oder hochindividueller Grabgestaltungen auf Friedhöfen.

In der Form kleiner intellektueller Zirkel (die oft von Autoren eher imaginiert als tatsächlich gegründet wurden) konnten so eigene Texte und Positionen gepflegt werden, ja sogar deviante Positionen institutionalisiert werden. Das gab es im hellenistischen Judentum mit seinen zunehmend sich als „christlich" davon absetzenden Gruppen, das gab es in der südasiatischen *bhakti*-Bewegung, in westasiatischen Sūfi-Gruppen oder der mitteleuropäischen Frauenmystik, bei Beginen um Meister Eckart in Erfurt (dessen deutschsprachige Predigten theologisch kühner und klarer sind als die lateinischen Traktate) und dessen Schüler Heinrich Seuse in Konstanz, oder bei einem dritten Dominikaner, Johannes Tauler in Straßburg und Basel. Das gab es in der protestantischen Reformation. Sie trafen sich auch in Erfurt, auch jenseits der Engelsburg.

Lutherstein, Stotternheim (zu Erfurt, Foto Rüpke)

An diesem Punkt ist eine Klarstellung wichtig: Religiosität, nicht Religionszugehörigkeit, ist das Konzept, das hier im Hintergrund steht. Religiöse Identität kann nämlich sehr unterschiedlich Bedeutung besitzen. Zunächst kann religiöse Identität eine Form von personaler Identität bezeichnen. Dieses „Mit-sich-selbst-einig-Sein" wird als religiöses erreicht durch eine Selbstreflexion im Dialog mit dem Göttlichen, das in religiöser Kommunikation, Gebet, Fluch, Bitte, Dank, Preis, Feier, angesprochen wird. Eine solche personale religiöse Identität wird häufig als „religiöses Selbst" angesprochen. Aber es muss nicht bei einer religiösen Identität bleiben. Dieselbe Person kann verschiedene Formen der Selbstreflexion nutzen, unterschiedliche göttliche Gestalten oder Techniken. Das kann heute Bibellektüre und Rosenkranz, Meditation und Teilnahme an einem christlichen Gottesdienst, Yoga oder Anonyme Alkoholiker heißen, im Mittelalter religiöse Lektüre, der individuelle Besuch von Ritualen oder Pilgerfahrten sein. Vieles davon stand oder steht fast jedem offen, egal ob Jude, Heide oder Christ, wie es in alten Formulierungen heißt.

Erst die dramatisierte Erzählung von einem radikalen Wechsel bezeichnet man gemeinhin als Konversion. Für Martin Luthers Wende zum Mönchtum verbindet sich die Erzählung von Gewitter und Gelübde mit dem nördlich von Erfurt gelegenen Stotternheim, heute mit einem „Lutherstein" markiert. Konversion kann aber auch die dezidierte Abkehr vom Religiösen beinhalten; traditionell markierte die Jugendweihe einen solchen Schritt - heute eher biographische Routine.

Prozession von Bhagwan-Anhängern in London, 1986
(Foto Rüpke)

Religiöse Identität kann auch eine Form kollektiver Identität einer bestimmten Person bezeichnen, das heißt die gelegentliche, wiederholte oder sogar häufige Beschäftigung mit der Idee oder auch nur dem Bauchgefühl, Teil eines religiös bestimmten Kollektivs zu sein. Dabei spielt es keine Rolle, ob es diese Gemeinschaft oder Gruppe eine bloß vorgestellte, eingebildete ist, ob es sie überhaupt gibt oder ob es sich um einen Zusammenschluss von Menschen oder gar um eine Organisation handelt, der man im Alltag begegnen kann und die die Vorstellung bestätigen kann, dass die Zugehörigkeit wichtig und folgenreich ist, für die eigene Lebensführung, Werte und Haltungen, für das Wissen.

Typischerweise werden solche kollektiven Identitäten nur situationsweise wichtig: Wer denkt schon im Alltag darüber nach beziehungsweise versichert sich durch den Griff zu einem Ausweisdokument, dass sie oder er eine bestimmte Staatsbürgerschaft besitzt, diesem oder jenem Verein oder Religionsgemeinschaft angehört? Eher denkt man daran, wenn man sich als Frau zu einer Mikwe oder als Mann zu einer Synagoge auf den Weg macht. Viel wahrscheinlicher ist, dass man im alltäglichen Umgang einer eigenen familiären oder beruflichen Rolle gewahr oder daran erinnert wurde – was nicht notwendigerweise mit der Imagination einer Zugehörigkeit verbunden war: Ich bin einer aus der Gruppe der Väter oder Lehrer.

Das heißt aber auch, dass es gar nicht schwer fällt, verschiedene, und auch verschiedene religiöse Identitäten parallel zueinander zu unterhalten, sozusagen in verschiedenen Schubladen, deren Inhalte nichts voneinander wissen und sich nicht über mögliche Probleme und Unverträglichkeiten Gedanken zu machen. Nur höchst gelegentlich werden sie zugleich aufgezogen und in ein solches Gespräch gebracht. Mit der Metapher des Zerfalls von Nationalstaaten wurde das von als „Balkanisierung des Gehirns" bezeichnet. Aber natürlich ist es auch möglich, dass solche multiplen religiösen Identitäten vielfach bewusst sind, auch in ihren

Die Figur der Synagoge am Triangelportal des Doms führt antijüdische Vorurteile bildlich zusammen (Foto Rüpke)

Konsequenzen von Kombinierbarkeit oder wechselseitiger Exklusivität und den zahllosen und unterschiedlich wichtigen möglichen Konflikten.

Unter religiösen Identitäten kann man nämlich auch die externe Zuschreibung einer Zugehörigkeit zu einem religiösen Kollektiv verstehen, von innen oder von außen. „Türken sind Muslime" – auch wenn aus leicht nachvollziehbaren Gründen gerade Nichtmuslime unter (vormals) türkischen Staatsbürgern in Deutschland überrepräsentiert sind. Solche Zuschreibungen – ob korrekt oder nicht – gehen einher mit Stereotypen oder expliziten Normen über damit konformen Verhalten. Das funktioniert wie mit den Schubladen. Ein Jude ist beschnitten, isst kein Schweinefleisch, geht samstags in die Synagoge. Der Katholik geht sonntags in die Kirche, isst freitags kein Fleisch und verehrt Reliquien.

Wer in einer Gruppenschublade ist, so die Unterstellung, funktioniert wie jede oder jeder andere dort, das Verhalten ist vorhersagbar. Oder sollte es zumindest sein. In solchen Fällen nämlich werden multiple religiöse Identitäten immer mit strengen normativen Untertönen festgestellt oder bedauert. Es geht um Distinktion, um das Feststellen von Unterschieden. Ein Mitglied dieser Gruppe ist und soll unterschieden sein von allen Nichtmitgliedern. Das ist schlicht und erleichtert die Kommunikation über andere, gegebenenfalls auch die Solidarisierung gegen andere. Ob diese Gleichheit innerhalb der anderen Gruppe tatsächlich gegeben ist, ist demgegenüber zweitrangig. Aber natürlich sehen das vor allem die tragenden Personen innerhalb solcher Gruppen oft anders. Gerade für sie sind Unterscheidungen nach außen auch aus der Binnensicht wichtig, sie tragen zur Kohäsion und Institutionalisierung bei und erleichtern die Überwachung von Mitgliedern und möglichen Grauzonen in der Mitgliedschaft. Im Europa christlicher Herrscher wurde Jüdinnen und Juden eine religiöse Identität bis zum Zeitalter der Emanzipation nahezu permanent zugeschrieben, durch Vorschriften über den Wohnort, durch Kleidervorschriften, bestimmte Kopfbedeckungen zum Beispiel.

In diesen letzten Formen gehen Individualisierungsprozesse in Kollektivierungsprozesse über. Die Stadt förderte beide. Die Regierbarkeit der Stadt verlangt

Das „Haus zum roten Ochsen" am Fischmarkt, Erfurt;
Details auf den Folgeseiten (Fotos Rüpke, 2015)

Übersichtlichkeit, und Standardisierung. Ihre Größe
aber ermöglicht Unterschiede wie das Verbergen von
Unterschieden. Das Selbstbild städtischer Akteure,
ihre Urbanität, pflegt sogar häufig die Unterschiede
und verlangt ihre Möglichkeit.

Religionsfreiheit als individuelle Wahlfreiheit war eines der ersten Freiheitsrechte, die – erneut: schon in der Antike – der urbane Diskurs formulierte, lange vor der Abschaffung der Sklaverei und Recht auf körperliche Unversehrtheit. Die nachfolgenden religiösen Individualisierungen wurden oft durch neue Gruppenbildungen institutionalisiert und durch Gruppenbildungen auch begrenzt und wiederum standardisiert, und somit de-individualisiert. Sie standen (und erneut: manchmal stehen) in enger Wechselwirkung mit Urbanitätskonzepten: Antike Konzepte von Bürgerrecht waren individualisiert, erlaubten den Eintritt oder Ausschluss Einzelner aus der Bürgerschaft. Gedacht war eine solche städtische Gemeinschaft als ein Personenverband mit Bezug zu einem Territorium, faktisch verbanden sich Partizipationsrechte mit der Anwesenheit in einer „Hauptstadt".

Genau dieses Modell machten sich die in der Antike entstehenden religiösen Großgruppen zu eigen, auch wenn manche rechtlich als Vereine verfasst waren. Mit anderen Worten, urbane und religiöse Mitgliedschaftsvorstellungen schlossen zunehmend aneinander an, ohne deckungsgleich zu werden.

Eine überraschende Entdeckung zu einer Individualität, die auf Gleichgesinnte baut, aber ein größeres Publikum ansprechen will, lässt sich am Haus zum Roten Ochsen am Erfurter Fischmarkt machen. Ein aufmerksamer Blick zu beiden Seiten einer weithin sichtbaren

Figur eines roten Ochsen, dem namensgebenden Zeichen dieses Hauses an der Westseite des Fischmarktes, offenbart eine Reihe von sieben Gipsfiguren in Form von antiken Männern und Frauen, denen die Namen römischer Gottheiten zugeordnet sind. Offensichtlich wurden sie an Ort und Stelle errichtet.

1562 ließ Jacob Naffzer, einer der beiden Oberratsmeister, die im Rathaus den Vorsitz des Stadtrates innehatten, das Haus gegenüber dem Rathaus, das ihm gehörte, neu errichten. Das Geld stammte sicherlich aus seinem Erfolg als Waidhändler, ein Farbpigment, dessen Verarbeitung einen Großteil des Erfurter Reichtums ausmachte. Auf der Grundlage einer gesicherten und sogar gehobenen sozialen und wirtschaftlichen Position konnte er es wagen, dem architektonische Formen zu geben, was in den Jahrzehnten zuvor in den italienischen Zentren südlich der Alpen zu voller Blüte gekommen war und in weite Teile West-, Mittel- und sogar Nordeuropas exportiert wurde: die Renaissance. Die humanistischen Werte und künstlerischen Errungenschaften der griechisch-römischen Antike galten als Messlatte für die Neugestaltung der städtischen, territorialen und (vielleicht reformierten) christlichen Gesellschaften.

Offensichtlich ließ Jacob Naffzer seinen Architekten und Bildhauer Hans Friedemann den Älteren enzyklopädisch vorgehen und viele verschiedene Stilelemente sowohl an der Fassade als auch im Innenraum (heute als Teil der Kunsthalle zugänglich) zusammenstellen. Der liegende rote Ochse war eine Wahl, die bereits zu dem 1392 an gleicher Stelle bezeugten Haus gehörte. Sollte der Betrachter über einen weiteren Bezug spekulieren, so könnte er sich an den Ochsen und den Esel im Stall der Geburt Jesu erinnert fühlen, doch die beiden weiblichen Tiere (mit den dazugehörigen Kindern) gaben dem Ochsen eine geschlechtliche Identität und könnten das starke Tier als Hinweis auf den Besitzer identifizieren.

Mit den zusätzlichen Bildern der Musen und der sieben römischen Gottheiten positionierte sich der Besitzer in einem breiten, wenn auch nicht universellen Rahmen. Von links nach rechts gelesen (wie es ein geübter Leser getan hätte), begann die Sequenz mit Sa-

turn, gefolgt von Mars und Juppiter (die versuchen, sich gegenseitig nicht zu beachten), Sonne und Venus (die Geschenke austauschen) und Merkur und Mond (Luna) in freundschaftlichem Nebeneinander. Dies waren die Wochengottheiten, allerdings in einer eindeutig unorthodoxen Reihenfolge, wenn man sie nach einer sequenziellen oder zirkulären Ordnung beurteilt. Sowohl die Reihenfolge als auch die ikonografische Grundidee könnten von Hans Sebald Beham übernommen worden sein. Der aus Nürnberg stammende Künstler, der 1532 nach Frankfurt übersiedelte, hatte um 1530 eine Folge von Holzschnitten mit den sieben Planeten geschaffen. Die Bilder bewegten sich also schnell von Stadt zu Stadt, aber noch wichtiger war die individuelle Aneignung. Sebalds Bilder waren sieben Einzelbilder. In Erfurt wurden sechs der sieben Gottheiten gepaart. Die Paarung scheint gewollt zu sein und erkundet unterschiedliche Geschlechterbeziehungen, wie im zentralen Bild. Astrologische Bilder wurden also verwendet, um über das Geschlecht als nahezu universelle Klassifikationsstrategie zu kommunizieren. Urbanität und die mit religiösen Bildern vorgenommene individuelle Reflexion verändert auch städtische Geschlechterrollen.

Arbeitsteilung

Die Beschäftigung mit städtischer Religion muss die religiösen Kollektive dennoch im Auge behalten. Zuvor ist aber eine Facette von Stadt und Religion anzusprechen, die näher mit der Individualisierung verwandt ist, die städtische Arbeitsteiligkeit und ihre religiösen Gründe beziehungsweise Folgen.

Der Ausgangspunkt liegt in der besonderen Konstellation religiöser Kommunikation mit dem Göttlichen. Religiöse Kommunikation hat es besonders schwer festzustellen, ob das Gegenüber die Botschaft bekommen, verstanden und gar positiv aufgenommen hat. Dass das Göttliche keine Wunscherfüllungsmaschine ist, ist nicht nur empirische Erfahrung, sondern Teil der Konstruktion dieses Göttlichen, das gerade in seiner Macht einen eigenen Willen besitzt. Diese Unsicherheit lädt ein zu intensiver Nutzung von Medien für die Kommunikation: nicht nur zu beten, sondern Tiere zu schlachten, nicht nur Schuhe auszuziehen, sondern Marmorhallen zu bauen, nicht nur die Anwesenheit des göttlichen Gegenübers zu denken, sondern es in Bilderform greifbar zu machen – oder genau das zu verbieten, um die Andersartigkeit des Göttlichen zu retten: eine „negative Theologie", die betont, dass sich nichts Sicheres über das Göttliche sagen lässt und jede (auch bildliche) Festlegung es verfehlt.

Votivgaben im Heiligtum der „Maria von Todtmoos"
2022 (Foto Rüpke)

Die Folge ist Innovation: technische Innovation zum
Beispiel in Form undurchschaubarer kommunizieren-
der Gefäße statt einfacher Weinkannen für Trankopfer
im zweiten Jahrtausend v. Chr., in Form von Gabenta-
bletts mit vielen Vertiefungen für nouvelle-cuisine
gleiche Speisenvielfalt statt einer schlichten Breischüs-
sel, soziale Innovation in nahezu grenzenloser Spezia-
lisierung ritueller Rollen und eine umfassende Ästhetisierung ritueller Vollzüge.

Auch das sind nicht nur dekorative Schnörkel einer
schlicht reicheren religiösen Praxis in der Stadt. Das ist

Amulette, Kärnten, 2019 (Foto Rüpke)

vielmehr eine tiefgreifende Urbanisierung von Religion, die auch wieder – genauso wie andere Facetten von Urbanität – exportiert werden kann. Sie äußert sich in einer Ästhetisierung ritueller Praxis, also aufwändiger „Liturgie", bis hin zu täglichem Gottesdienst, der überhaupt nur noch durch Spezialisten oder Spezialistinnen sichergestellt werden kann. Arbeitsteiligkeit erstreckt sich über das Handwerkliche, über die unterschiedlichen Töpfer, Schmiede, Elfenbeinschnitzer und Buchkopistinnen hinaus; gerade die Arbeitsteiligkeit von rituellen Spezialisten verbindet sich in Anbetracht der Probleme, Erfolg festzustellen, mit einem hohen Grad an Selbstkontrolle: Gerade im religiösen Bereich dürfen wir wohl Anfänge von Professionalisierung in engeren Sinn des Wortes suchen.

Marienteppich im Ursulinenkloster Erfurt von 1550
(Copyright Bildarchiv Marburg, fm1051054)

Solche Prozesse verbinden sich wiederum und treiben jene Prägung von Urbanität voran, die durch das Aufkommen einer städtischen Mittelschicht charakterisiert ist. Nicht nur, dass „Priester" als Produzenten wie Konsumenten diese Mittelklasse verstärken. Auch Religion wird zu einem Konsumgut, das als Veranstaltung oder Kunstwerk produziert und konsumiert werden kann. Vielfach kann es für verschiedene soziale Schichten zu einem wichtigen Teil urbaner Lebensweise werden und treibt selbst die Ästhetisieren und Kommodifizierung von Religion voran, so lautstark das in anderen religiösen Diskursen bedauert werden mag. Ein Blick auf den jüdischen Hochzeitsring kann das veranschaulichen, ein Blick in Dom- und andere Kirchenschatzkammern ebenso. Textilien überleben schwerer; aber auch der Wandteppich im Ursulinenkloster gibt einen Eindruck solcher Pracht.

Hochzeitsring aus dem jüdischen Schatz Erfurt, 1.H. 14. Jh. (Copyright Landesdenkmalamt Thüringen)

Schon beim Haus zum roten Ochsen auf dem Erfurter Fischmarkt hatten wir gesehen, wie Künstler von weither geholt wurden. Vor dem Zeitalter der Massenkommunikation und des Massentransportes spielten für das urbane Selbstgefühl wie den urbanen Reichtum Luxusgüter eine besondere Rolle: Damit eröffneten sich Möglichkeiten, sich individuell auszeichnen und von anderen unterscheiden zu können, aber auch, als Stadt in der jeweils obersten Städteliga mitspielen zu können. Ansehen und Transportaufwand standen in einem besonders günstigen Verhältnis.

Für ihre Kultstatuen holten bereits die mesopotamischen Werkstätten im vierten und dritten Jahrtausend v. Chr. Lapislazuli aus Afghanistan, um besonders lebendige Augen herstellen zu können. Gerade der religiöse Bereich war und ist besonders wichtig: Es gilt, die Aufmerksamkeit des oder der Gottheiten zu ge-

Pietà an der Südwand des Turms der Allerheiligenkirche, um 1380
(Foto Rüpke, 2003)

winnen und ihre Gunst zu erhalten. Von solchen Orten konnten alle, die sie zu nutzen verstanden, profitieren. Und es galt und gilt, diese Frömmigkeit so sichtbar zu machen, dass sie anderen als Garant für die eigene wirtschaftliche Zuverlässigkeit dienen konnte: Nicht umsonst waren historisch Tempelanlagen wie Plätze an Kirchen oder (etwa nach Auflösung des Kirchhofs als Friedhof) um Kirchen herum besonders wichtige Handelsflächen. Und schließlich waren und sind Pilger ein oder gar der wichtigste Teil von Massentourismus. Erfurt selbst konnte früh mit den Reliquien von Eoban und Adelar sowie des heiligen Severus auf dem Domberg werben und machte sich zunehmend einen Namen als Marienkultort. Noch im neunzehnten Jahrhundert wurde ein venezianischer Künstler beauftragt, ein weithin sichtbares Marienbild für den Haupteingang des Doms zu schaffen. Heute kann es, nach Rückbau der für das Bild veränderten Dachform, innen unter dem Dach des Doms besichtigt werden.

Die „deutsche"
(barocker Neubau
1710, oben)
und die
„französische" Kirche
(Neubau ab 1481)
im schweizerischen
Murten,
Zustand 2022
(Foto Rüpke)

Gruppenbildung

Zufällige Begegnungen mit anderen Einzelnen und die religiösen Massenveranstaltungen sind nicht die einzigen, und vermutlich auch nicht die befriedigendsten Formen sozialer Interaktion in Städten. Für freiwillig Ankommende – Sklaven, vergleichbar Zwangsverschleppte und Gefangene sind hier ausgenommen – eröffnen sich für den Aufbau eines sozialen Nahbereichs ganz unterschiedliche und nicht jederzeit zugängliche Optionen. Unterkunft bei Freunden (und wer hat nicht Freunde von Freunden von Freunden irgendwo?) oder gewerbliche Herbergen oder Pilgerheime und Nahrungsaufnahme in Garküchen und Gaststätten sind elementar.

Weiteres ist abhängig von der urbanen „Aspirationen", den Hoffnungen, Erwartungen, Plänen der Ankommenden. Händler oder Händlerinnen finden schnell Zwischenhändler oder Kunden, Diplomaten ihre Ansprechpartner, spezialisierte Handwerker Berufskollegen oder -kolleginnen. Religiöse Praktiken bieten einen weiteren Ansatzpunkt. Man stellt gewissermaßen einen Kontakt über (göttliche) Dritte her: wechselseitige Wahrnehmung und ritualisierte Gleichförmigkeit von Handlungen der Beteiligten setzen die Schwelle für weitere Kontaktaufnahme herab. So bilden sich neue Netzwerke unter Mit-Verehrenden – ein

Maria-Magdalenen-Kapelle, im 13.-16. Jh. Kapelle eines
Friedhofs für Arme und Fremde (Foto Rüpke)

Ausdruck, der keine Vorstellung einer schriftlich fi-
xierten Mitgliedschaft notwendig macht. Religiöse
Zugehörigkeit wird vor der Neuzeit selten dokumen-
tiert und verwaltet. Es geht um Vernetzung und da-

durch Integration; auch der neu eintreffende Christ in einer kleinen mittelalterlichen Stadt muss in einer bestimmten Gemeinde oder Pfarre erst heimisch werden. Eine jüdische Familie ist in dieser Zeit an vielen Orten gezwungen, in einem von anderen Juden bewohnten Quartier Unterkunft zu suchen. Städtische Dokumente können das festhalten - und für uns nachvollziehbar machen.

Problematisch bleibt an diesem Beispiel, dass es die Existenz organisierter Religion schon voraussetzt, was außerhalb einer spezifisch europäischen Religionsgeschichte kaum zutrifft. Hier allerdings haben sich aus spätantiken Anfängen jene lokalen und überregional vernetzten Formationen gebildet, die als Religionen oder gar Weltreligionen angesprochen werden. Tatsächlich treten sie aber eher in Formen, die dem Muster vom „Kirchen" und „Sekten" entsprechen, auf.

In diesen letzten Formen können die zuvor angesprochenen Individualisierungsprozesse in Kollektivierungsprozesse übergehen. Aber auch sie verbanden sich für die Betroffenen mit dem, was europäische Denker des Zeitalters des massiven Stadtwachstums vom späten neunzehnten bis zum frühen zwanzigsten Jahrhundert als neuartige Anforderungen an die Persönlichkeit der Großstadtbewohner entdeckten. In einer neuen Form der Subjektivierung, die das urbane Leben forderte und schuf, sei das Individuum geprägt von den vielen sozialen Kreisen, denen es angehörte.

Steinernes Haus hinter dem Rathaus Erfurt, 2023 (Foto Rüpke)

In der Folge musste es in der sozialen Begegnung eine gewisse Distanz entwickeln. Gefordert wurde eine neue Art der Individualisierung, die in der Lage war, mit der Unbestimmtheit und Fluidität der Umwelt umzugehen, die sie sich aus der massiv erhöhten Zahl der Kontakte ergab. Aber die Figur des distanzierten Flaneurs, der sieht, aber sich nicht berühren lässt, gehört nicht erst der Moderne an. Es gab sie schon in der Antike.

In vielen, durchaus nicht allen historischen Kontexten haben Formen der religiös legitimierten Gruppenbildung ein wichtiges Modell urbanen Zusammenlebens jenseits von Nachbarschaft und Stadtherrschaft oder Stadtadministration gebildet. Zumal in Deutschland prägen Gilden, Vereine und ihre Häuser gerade städtisches Zusammenleben, Urbanität. Selbst exklusive religiöse Gruppen, zum Beispiel Angehörige der Bettelorden mit ihrem hohem Finanzbedarf, konnten sich so – oft gegen den Protest der Pfarrer in ihren Parochial-Strukturen – in Städten ansiedeln. Das provoziert auch immer wieder Hass-Tiraden. Schon im antiken Rom wetterte der Satiriker Juvenal: „... Mitbürger, nicht ertragen kann ich eine Stadt voller Griechen. Wenngleich: wie groß ist denn der Anteil des Abschaums Achaias? Schon längst hat sich der syrische Orontes in den Tiber ergossen und hat mit sich geführt seine Sprache, Sitten, selbst schräge Saiten mit der Flöte und die einheimischen Trommeln – und die Mädchen, die sich beim Zirkus prostituieren müssen. Geht dahin, wenn euch die ausländische Hure mit buntem Kopftuch gefällt."

Es sind aber nicht die Kopftücher, über die hier zu sprechen ist, und nicht die Misogynie Juvenals, sondern die Griechen. Das ist nichts weiter als ein Label, ein Synonym für gebildete Nichtrömer, „ausländische Fachkräfte", würden wir sagen. Rundum ein Stereotyp, wie sich in den folgenden Versen zeigt. Es verdeckt die Wirklichkeit einer vielsprachigen Stadt, die wirtschaftlich wie kulturell die halbe Welt aussaugt und das genießt. Die Römer selbst stellen sich den Anfang ihrer städtischen Existenz in der Einrichtung eines Asyls durch den Stadtgründer Romulus vor. Angesichts der konkurrierenden Städte und des kleinen

Die 1951/52 neu errichtete Synagoge am Juri-Gagarin-Ring, Erfurt (Foto Rüpke, 2022)

Haufens, der die Neugründung Roms trug, schuf erst eine solche Einrichtung die notwendigen Einwohnerzahlen, indem das Asyl auch Ankömmlingen mit dunkler Vergangenheit Aufnahme versprach. Pluralität und Urbanität verbinden sich hier vom ersten Moment an.

Diese Pluralität der kleinen Gruppen – oft, aber nicht immer religiös definiert – ist Teil der Dynamik des Städtischen: Form des Handelns in der städtischen Öffentlichkeit wie Rückzugsort von derselben. Brückenkopf und Sprungbrett zugleich. Freilich waren

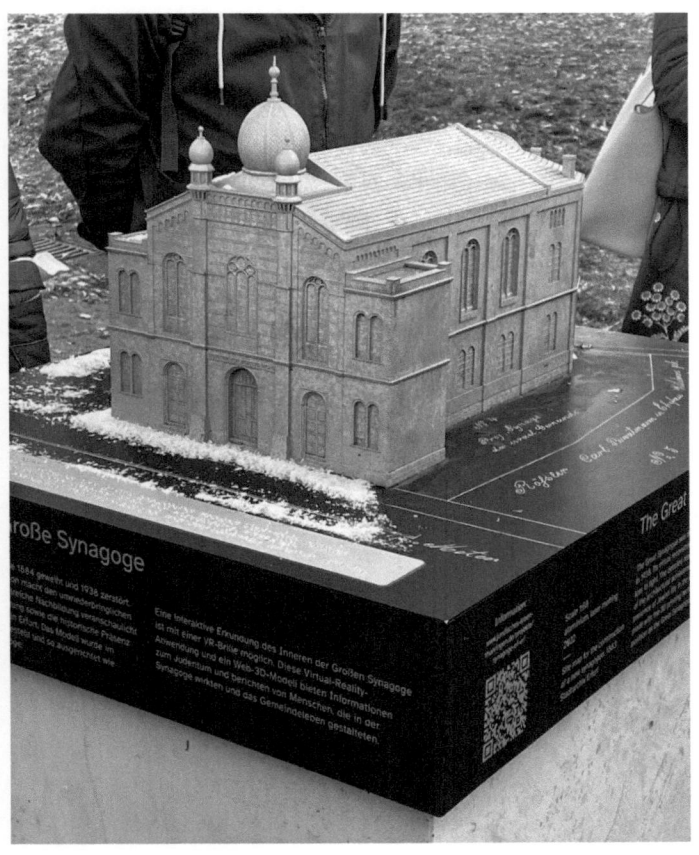

Modell der 1882-84 errichteten und in der Reichspro-
gromnacht 1938 zerstörten Synagoge (Foto Rüpke, 2023)

und sind Gruppengrenzen von sehr unterschiedlicher
Durchlässigkeit; für Juden bis auf die Ebene des Indi-
viduums hinab in der mitteleuropäischen Stadt bis ins

neunzehnte Jahrhundert fast undurchdringlich – und heute zum Teil schon wieder. In Erfurt wurde die – erneut – große Synagoge des späten neunzehnten Jahrhunderts 1938 wie in vielen anderen deutschen Städten zerstört. Nur in deutlich unscheinbarer Form durfte sie dann nach dem Zweiten Weltkrieg wieder aufgebaut werden. So kann sie leicht an ihrem Standort am Juri-Gagarin-Ring übersehen werden.

Zeitliche Ordnungen

Religiöse Praktiken und Vorstellungen strukturieren in gewissem, und wiederum kulturell und historisch sehr unterschiedlichem Ausmaß Raum, ob es nun um die Sakralisierung bestimmter Orte oder die Frage der Nutzung beziehungsweise Auswahl von Orten geht, die durch Geomantie oder Prinzipien des kanyū oder Feng Shui, der Beobachtung der Harmonie mit der Landschaft, bestimmt werden. Wo sich letzteres in der Großstadt heute auf Architektur und vor allem Innenarchitektur beschränkt, bleibt die religiöse Kompetenz in Bezug auf die Qualifikation von Zeit ungleich präsenter. Kalender scheinen historisch gesehen geradezu eine Erfindung im Kontext religiöser Praktiken zu sein.

Mit Hilfe von Schrift und schriftgestützten Repräsentationstechniken – was wir ebenfalls wie das abstrakte Prinzip „Kalender" nennen – werden Festzyklen und zugehörige rituelle Praktiken differenziert und systematisiert. Kalendarische „Liturgien" werden in verschiedenen Traditionslinien wichtige Medien zur Reflexion und Weiterentwicklung religiöser Vorstellungen, konkret etwa in Liedern oder nichtvokaler Musik, in bildlichen Gestaltungen oder „Predigten" und für den Anlass ausgewählten Texten. Für das Verhältnis von Religion und Urbanität spannend ist das Überle-

Weihnachtsmarkt, Erfurt (2015, Foto Rüpke)

ben, ja der Ausbau selbst ursprünglich agrarischer Zeitpraktiken, von Ernteferien bis zum Erntedankfest. Nicht alle solche Ereignisse sind Volksfeste, aber in erstaunlicher Zahl und in erstaunlichem Umfang werden städtische Routinen durch solche und analog konzipierte nationale, städtische, kulturelle oder sportliche Aktivitäten unterbrochen oder verändert. Akteure unterschiedlichster administrativer und wirtschaftlicher Bereiche wetteifern, Städte in der „Weihnachten" genannten Zeit zu verändern; Karnevalsumzüge oder Festspiele auch unterhalb globalisierter Olympiaden legen Städte auf Zeit lahm. Auch das scheint früh und

Chanukka-Leuchter vor dem Rathaus am Fischmarkt,
Erfurt, Dezember 2021
(Copyright Paul-Philipp Braun)

verbreitet ein Element von Urbanität geworden zu
sein, das nicht auf den religiösen Bereich beschränkt
bleibt. Umgekehrt bildet solche Urbanität die Matrix
für den toleranten oder gar fördernden Umgang mit
neuen kalendarisch bestimmten religiösen Praktiken.
Das „Zuckerfest" etwa gewinnt in Deutschland über
den Kreis türkischstämmiger Familien und Muslime
öffentliche Präsenz und Akzeptanz. Auch koexistie-
rende unterschiedliche Kalender dürfen abwechselnd
(oder zeitgleich, man denke an Chanukka) den öffent-
lichen Raum besetzen. Städterinnen und Städter üben,

in unterschiedlichen Zeit-Räumen gleichzeitig zuhause zu sein. Auch sonntags – oder freitags oder samstags – soll die Stadt als Stadt funktionieren.

Netzwerke von Städten

Mehr noch als „Städte" tritt Urbanität nicht isoliert, sondern in regionalen und oft überregionalen Netzwerken städtischer Siedlungen auf. Religiöse Praktiken, die sich ja gerade durch ihren Verweis über die zweifelsfrei präsenten Elemente einer Situation hinaus auszeichnen, spielen hier eine besondere Rolle. Orte wie das griechische Delphi mit seinem Orakel, Jerusalem, Rom oder Mekka, aber auch Benares, die herausragende hinduistische Pilgerstätte, oder Nara bei Kyoto als Ausgangspunkt des japanischen Buddhismus sind in zahllosen und oft alltäglichen Verweispraktiken gerade auch in anderen Städten präsent. Diese Verweisstruktur prägt die Entwicklung religiöser Praktiken, in Argumenten, Orientierungen beim Gebet, in der Nachgestaltung von Architektur oder gar in der Gestalt des „himmlischen Jerusalems". Städtische Arbeitsteilung dürfte die Teilnahme an Pilgerfahrten überdurchschnittlich erleichtert haben. Die persönliche Bereitschaft zu einer solchen Ortsveränderung – im hinduistischen Auszug des jungen Mannes, im Missionsgebot der Mormonen, als muslimische Pflicht zur hajj, zur Wallfahrt nach Mekka, idealisiert und generalisiert – ist biographisch wie für das Ansehen und die Stellung in der Hierarchie in der jeweiligen religiösen Gruppe wichtig.

Römer-Figur auf dem Fischmarkt, Erfurt
(2003, Foto Rüpke)

Über den religiösen Bereich hinaus ist diese religiöse

Inkorporation des Faktums urbaner Netzwerke folgenreich für eine Urbanität geworden, die das eigene Stadt- oder Städterin-Sein immer an anderen Städten und der generalisierten Idee „Stadt" gemessen hat. Gegen alle Hierarchien von Zentralorten oder dem Vorhandensein von Metropolen und ihrer ebenso attraktiven wie Kultur prägenden „Metropolität" ist die Ausrichtung auf wechselnde und thematisch unterschiedliche andere Städte Teil urbanen Lebens und seines Wettbewerbs in architektonischer, kultureller und sozialer Gestaltung. Das gilt intern für die unterschiedlichen städtischen Akteure, es gilt aber auch für kollektive Konstruktionen wie Städtewettbewerbe. In beiden Fällen bietet es starke Anreize für einen Städte-Tourismus, der im frühneuzeitlichen Europa beispielsweise in den „grands tours" der jungen Adligen schon etabliert war, bevor „Städtereisen" die Umweltbilanz der ersten Welt weiter verschlechterten. Erfurt war von Anfang an nicht ohne Mainz zu verstehen, später nicht ohne Wittenberg; der Handel orientierte sich nach Leipzig und Frankfurt am Main, die Wissenschaft nach Paris und Prag.

Solche Netzwerke hatten immer auch eine subjektive Seite, waren für Urbanität wichtig, wie wir schon am Anfang gesehen hatten. Es geht um eine Unterscheidung, die schon der dort zitierte Erfurter Historiker Dominikus Ende des achtzehnten Jahrhunderts vor Augen hatte, wenn er über die Brunnenfigur des Römers auf dem Fischmarkt als eines „Rolands", einer Ritterfigur, wie sie mancherorts den städtischen Charakter einer Siedlung ausweist, spricht: „Sollten nicht die Rolandssäulen die Stadt (civitas) in der eigentlichen Bedeutung des Worts (subjektivisch, mithin als moralischer Körper betrachtet), und also eben das bedeuten, was urbs (objektivisch) sagen will; und alsdenn wären die Stadtmauern das für das Städtische (urbs), was die Rolandssäulen für die Stadt (civitas) sind" (133, Anm. **).

Die Figur des Römers liest Dominikus zwar ungenau als Roland, aber doch korrekt in seiner Bedeutung: Der Erfurter Rat – der mit dieser Figur im Jahr 1591 den 1525 im Aufstand gegen Mainz zerstörten Martin und damit den Verweis auf Mainz ersetzt – bezieht sich auf das im europäischen Kontext wichtigste Paradigma für das Städtische, Rom selbst. In seiner republikanischen Wehrhaftigkeit wie Autonomie. Hier geht es nicht um eine statistische Aussage über das Handelsvolumen mit dem Kirchenstaat oder den Standard militärischer Ausrüstung im Vergleich zu römischen Legionären. Es ist auch kein Bewerbungsschreiben um eine Mitgliedschaft in einem italienischen Städtebund. Vielmehr geht es um ein Statement über die Bereitschaft, die städtische Autonomie, durchaus in ihrer Kurmainzer Identität, zu bewahren. Der Bremer Bildhauer Israel von der Milla (gestorben 1606) war nach 1586 an dem Epitaph des Oberratsmeisters Jacob Naffzer in der Predigerkirche tätig, zuvor schon in Nürnberg.

Schon diese Wahl zeigt Wesentliches der „subjektivischen" Seite des Städtischen, jener Urbanität, die überhaupt erst aus Wällen, Haus- und Kirchenmauern eine Stadt macht. Es ist gerade die Fähigkeit, Ressourcen in seinem Netzwerk mobilisieren zu können, die in der eigenen Stadt ein Produkt schaffen, das mit anderen Städten mithalten oder sie gar in den Schatten stellen kann. Die Akteurinnen und Akteure dabei sind nicht „der Rat" oder „das Stadtregiment", sondern Mitglieder der Stadtgesellschaft, und natürlich seiner Elite. Aber zur Stadt gehört eben auch die Verbreiterung derjenigen Gruppen, die so agieren können. So finden wir zu Beginn des 20. Jahrhunderts eine öffentlich zur Schau gestellte Bezugnahme auf die Stadt Rom, die ganz anders aussieht: Eines der ersten Kinos, die in Erfurt eröffnet werden, trägt im Jahr 1907 den Namen „Colosseum". Das Kino Tivoli in der gleichnamigen Brauereigaststätte in der (heute) Magdeburger Allee eröffnet 1919, 1922 folgt das Alhambra-Kino. Andernorts heißen Kinos dieser Zeit Metropol oder Kapitol. Das verbürgt in gleicher Weise das Gefühl, an der großstädtischen, metropolitanen Kultur der Zeit teilzunehmen: die subjektive Seite des Netzwerkcharakter von Urbanität.

Gebetstäfelchen um einen Baum im Meiji-Jingu-Tempel, Tokio, 2019 (Foto Rüpke)

Jenseits der Stadt

Bei aller Anpassung an das Leben in städtischen Siedlungen, den dicht bebauten Raum und die Vielzahl der Bewegungen und Austauschvorgänge innerhalb der Stadt und über ihre Grenzen hinaus: viele religiöse Erzählungen, Reflexionen und Praktiken scheinen die Stadt doch als problematischen, fremden Ort zu thematisieren. Schon im antiken Rom stellen sich große Tempel als innerstädtische Grünanlagen mit aufwändig gepflanzten Bäumen dar. Dasselbe gilt für buddhistische und schintoistische Heiligtümer in Japan. Stadtkritik ist in der biblischen Tradition mit der Geschichte des Turmbaus zu Babel und der göttlichen Zerstreuung städtischer Dichte und Hybris schon in frühen Textschichten zu Hause. Christlicherseits folgen dem in der Spätantike die Gleichsetzung von Stadt und Prostitution oder die Überlegungen von Theologen, Jesus sei in einer Krippe, will sagen: auf dem Lande, und gerade nicht in der Stadt geboren. Gerade weil das dem biblischen Text widerspricht, ist es aufschlussreich.

Natürlich, auch dieser religionsgeschichtliche Strang ist nur einer unter mehreren: Tendenziell sind Himmelsvorstellungen eher städtisch als Höllenvorstellungen, auch wenn jüdisch-christliche Phantasien einer vertikalen Stadt und das himmlische, komplett

Hauptfriedhof Erfurt, 2023 (Foto Rüpke)

ummauerte – natürlich mit geöffneten Toren - Jerusalem Extrembeispiele sein mögen. Wichtiger scheint mir, dass auch Urbanität selbst vielfach nicht nur von der Abgrenzung von Nichtstädtischem und dem überheblichen Herabblicken auf die Land-, nicht Landsleute lebt. Natur wird in den städtischen Raum integriert. Das können Klein- und Balkongärten sein, Ufergestaltungen innerstädtischer Flüsse, die Inszenierung des Lebensmittels Nummer 1, Wasser, ob in Taufbecken oder Mikwe, das können Parks sein – bis hin zur Idee der Gartenstadt des neunzehnten Jahrhunderts. Das Nichtstädtische bleibt auch in der Stadt

Idyll und Sehnsuchtsort. Pragmatische und ästhetische Ansprüche verbinden sich: Sakralräume verlangen nach natürlichem Licht – auch und gerade, wenn es kunstvoll inszeniert wird. Die Diskussion der Verortung von Begräbnisplätzen, ob in oder außerhalb der Stadt, wird über die Jahrtausende mit sehr unterschiedlichen Argumenten und Ergebnissen geführt; hier bestimmen religiöse Praktiken und Vorstellungen Urbanität ebenso, wie sie von deren Entwicklungen massiv geprägt werden.

Schluss

Wenn weder Religion noch Urbanität einfach gegeben sind, sondern Ergebnisse komplizierter Wechselwirkungen, müssen auch wir die Probleme und Chancen, die sich aus beiden ergeben, im Verbund miteinander sehen. Das gilt für die Frage, ob und wie wir als Städterinnen und Städter zusammenleben wollen, und wie wir mit dem Erbe, der Chance und dem Auftrag der Siedlungsform „Stadt" umgehen wollen. Diese Frage stellt sich überall, auch in einer als UNESCO-Welterbe ausgezeichneten Stadt, die zugleich eine von der Deutschen Forschungsgemeinschaft geförderte Kolleg-Forschungsgruppe beherbergt, die die wechselseitige Formierung von Religion und Urbanität untersucht. Sie stellt sich also auch in Erfurt.

Diese Frage lässt sich nicht trennen von der Frage, wie wir mit religiösen Praktiken, Vorstellungen, vielleicht sogar Institutionen anderer oder gegebenenfalls unseren eigenen umgehen und leben wollen. Anders als „Ballungsräume" ist „Stadt" nicht einfach gegeben, sondern wird durch Urbanität definiert: Und Urbanität kann nicht entwickelt werden, ohne die Gretchenfrage zu beantworten: Wie hältst Du, Stadt, es mit der Religion und wie hält es die Religion mit der Stadt? Spannungen sehen wir in beiden: zwischen dem Wunsch nach Homogenität und Diversität, zwischen

Kosmopolität und lokaler Identität, zwischen dem Blick auf das himmlische Jerusalem und der nächsten Umgebung, zwischen Individualisierung und Gruppenbildung. Dieses Büchlein kann nur historisches Material liefern, Leitplanken für eine Diskussion. Die normativen Entscheidungen muss jede und jeder einzelne selbst fällen. Und davon wird auch abhängen, welche Stadt wir haben werden. Mit allen, die in ihr sind. Das haben die letzten sechstausend Jahre gelehrt.

Bibliographie

Anderson, Benedict, 2009. „Affective atmospheres", Emotion, Space and Society 2 (2), 77-81.

Becker, Jürgen u.a. (Hgg.), 2014. Global prayers: Contemporary manifestations of the religious in the city. Müller, Zürich. pp. 16-47.

Bellah, Robert N., 2011. Religion in Human Evolution: From the paleolithic to the Axial Age. Harvard Univ. Press, Cambridge, Mass.

Bottéro, Jean, Herrenschmidt, C. und Vernant, Jean-Pierre (Hgg.), 2000. Ancestor of the West: Writing, Reasoning, and Religion in Mesopotamia, Elam, and Greece. University of Chicago Press, Chicago.

Bridge, Gary und Watson, Sophie (Hgg.), 2013. The New Blackwell Companion to the City. Wiley-Blackwell, Malden, Mass.

Christ, Martin; Keller, Sara und Rüpke, Jörg, 2021. Erfurt: Die blaue Stadt/The blue city. Max Weber Kolleg, Erfurt. Kostenfrei zugänglich: https://d-nb.info/1225298660/34.

Day, Katie, 2014. Faith on the avenue: Religion on a city street. Oxford University Press, New York.

Day, Katie und Edwards, Elise M. (Hgg.), 2021. The Routledge Handbook of Religion and Cities. Routledge, London.

Eißing, Stephanie und Jäger, Franz, 2003. Georg Dehio, Handbuch der Deutschen Kunstdenkmäler: Thüringen. Deutscher Kunstverlag, München.

Fuchs, Martin u.a. (Hgg.), 2019. Religious Individualisations: Historical Dimensions and Comparative Perspectives. de Gruyter, Berlin.

Haines-Eitzen, K., 2012. The gendered palimpsest: Women, writing, and representation in early Christianity. Oxford University Press, Oxford.

Hirsch, M., 2012. The Generation of postmemory: Writing and visual culture after the Holocaust. Columbia Univ. Press, New York.

Kirsten, Rüdiger, 2021. Öffentliche Parkanlagen in Erfurt: Ihr Entstehen und die historische Entwicklung bis zur Gegenwart. Stadtverwaltung, Erfurt.

Lätzer-Lasar, Asuman und Urciuoli, Emiliano Rubens (Hgg.), 2021. Urban Religion in Late Antiquity. De Gruyter, Berlin.

Lowe, C. and Zemliansky, P. (Hgg.), 2011. Writing Spaces: Readings on Writing. Parlor Press, Anderson.

Orsi, Robert A. (Hg.), 1999. Gods of the City: Religion and the American Urban Landscape. Indiana University Press, Bloomington.

Patzelt, Maik, Rüpke, Jörg und Weissenrieder, Annette (Hgg), 2021. Prayer and the ancient city. Mohr Siebeck, Tübingen.

Perlich, Barbara (Hg.), 2019. Wohnen, beten, handeln: Das hochmittelalterliche jüdische Quartier ante pontem in Erfurt. Mit einer Neuedition des Liber Judeorum der Stadt Erfurt. Imhof, Petersberg.

Pinxten, R. and Dikomitis, L. (Hgg.), 2009. When God comes to town: Religious traditions in urban contexts. Berghahn, New York, NY. 45-62.

Rau, Susanne, 2014. Räume der Stadt: Eine Geschichte Lyons 1300-1800. Campus Verlag, Frankfurt.

Rau, Susanne und Rüpke, Jörg (Hgg.), 2020 ff. Religion and Urbanity online. de Gruyter, Berlin.

Rau, Susanne und Rüpke, Jörg (Hgg.), 2022. Urbanität und Religion = Moderne Stadtgeschichte 2022/1. Deutsches Institut für Urbanistik, Berlin.

Robinson, J., Scott, A. J. und Taylor, P. J. (Hgg.), 2016. Working, Housing: Urbanizing: The International Year of Global Understanding. Springer, Berlin.

Rüpke, Jörg, 2016. Pantheon: Geschichte der antiken Religionen. Beck, München.

Rüpke, Jörg, 2020. Urban Religion: A Historical Approach to Urban Growth and Religious Change. deGruyter, Berlin.

Rüpke, Jörg, 2021. Ritual als Resonanzerfahrung. Kohlhammer, Stuttgart.

Rüpke, Jörg, und Urciuoli, Emiliano Rubens, 2023. Urban religion beyond the city: Theory and practice of a specific constellation of religious geography-making. In Religion 53 (2023): 289-313.

Russo, Manfred, 2016. Projekt Stadt: Eine Geschichte der Urbanität. Birkhäuser, Basel.

Simmel, Georg, 1917. Individualismus, Marsyas (1), 33-39.

Smith, Monica L., 2018. „Urbanism and the Middle Class: Co-Emergent Phenomena in the World's First Cities", Journal for Anthropological Research 2018 (Fall), 299-326.

Smith, Monica L., 2019. Cities: The First 6,000 Years. Simon & Schuster, London.

Tettau, Wilhelm (1890). Beschreibende Darstellung der älteren Bau- und Kunstdenkmäler der Stadt Erfurt und des

Erfurter Landkreises. Otto Hendel. doi: 10.14463/KXP:1815120401.

Urciuoli, Emiliano Rubens, 2021. La religione urbana: Come la città ha prodotto il cristianesimo. edb, Bologna.

van der Veer, Peter (Hg.), 2015. Handbook of Religion and the Asian City: Aspiration and Urbanization in the Twenty-First Century. University of California Press, Oakland.

Weiß, Ulman, 1988. Die frommen Bürger von Erfurt: Die Stadt und ihre Kirche im Spätmittelalter und in der Reformationszeit. Böhlau, Weimar.

Weiß, Ulman, 1992. Erfurt 742-1992. Stadtgeschichte, Universitätsgeschichte. Böhlau, Weimar.

Weiß, Ulman, 1995, Erfurt: Geschichte und Gegenwart. Schriften des Vereins für die Geschichte und Altertumskunde von Erfurt 2. Böhlau, Weimar.

Williamson, Christina G., 2021. Urban Rituals in Sacred Landscapes in Hellenistic Asia Minor. Brill, Leiden.

Yoffee, Norman (Hg.), 2015. The Cambridge world history 3: Early cities in comparative perspective, 4000 BCE-1200 CE. Cambridge Univ. Press, Cambridge.

Zimmermann, Clemens, 2015. Die „Suburbanisierung" als Konzept der Stadt-Land-Beziehungen. In: Kersting, F.-W. and Zimmermann, C. (eds), Stadt-Land-Beziehungen im 20. Jahrhundert: Geschichts- und kulturwissenschaftliche Perspektiven. Ferdinand Schöningh, Paderborn. 55-68.

Danksagung

Die Überlegungen dieses Büchleins sind entstanden in der gemeinsamen Arbeit mit den Mitgliedern und Fellows der Kolleg-Forschungsgruppe „Religion und Urbanität: Wechselseitige Formierungen", die seit 2018 von der Deutschen Forschungsgemeinschaft gefördert und von Susanne Rau und mir gemeinsam mit Martin Fuchs und Klara O'Reilly koordiniert wird. Die gemeinsamen Kolloquien, Tagungen, viele, viele Gespräche und die von Sara Keller und Martin Christ erfundenen „Citywalks" haben viele Einsichten, die hier dargestellt sind, entwickeln helfen. Ihnen allen sei dieses Buch gewidmet! Aber auch Diskussionsforen an anderen Orten haben die Überlegungen geprägt: in der Akademie der Weltreligionen in Hamburg und Mainz, in Tokio und Kyoto, Paris, Rom und Aarhus. Auch den dort Beteiligten und den Organisatorinnen und Organisatoren sowie Maria Stürzebecher, Beauftragte für das UNESCO-Welterbe in Erfurt, möchte ich ebenso danken wie den Bildgebern.

Besonderer Dank gilt meiner Frau Ulrike und unserer Tochter Irene für die kritische Lektüre und die Unterstützung bei der Bildauswahl - ohne ihre Ermutigung wäre dieses Werk nicht zustande gekommen.

Erfurt, im Herbst 2023

Die Kollegforschungsgruppe „Religion und Urbanität" im Netz

UrbRel blog

Website an der Universität Erfurt   www.uni-erfurt.de/go/urbrel